EM TORNO DE MARX

Karl Marx como Prometeu acorrentado. Na mitologia grega, Zeus castigou o titã por ter roubado o fogo dos deuses a fim de entregá-lo aos homens: acorrentado a uma coluna, tinha seu fígado devorado todos os dias por uma águia; durante a noite, o órgão se regenerava para, no dia seguinte, a tortura se repetir. Na alegoria, Marx está acorrentado a uma prensa, e seu fígado é devorado pela águia símbolo da Prússia, representando a repetida censura sofrida, em especial na *Gazeta Renana*, fechada pelo governo prussiano em 1843.

EM TORNO DE MARX

Leandro Konder

Copyright © Leandro Konder, 2010
Copyright desta edição © Boitempo Editorial, 2010

Coordenação editorial	Ivana Jinkings
Editora-assistente	Bibiana Leme
Assistência editorial	Ana Lotufo, Elisa Andrade Buzzo e Gustavo Assano
Preparação	Mariana Echalar
Capa	David Amiel
Diagramação	Acqua Estúdio Gráfico
Produção	Livia Campos
Assistência de produção	Camila Lie Nakazone

CIP-BRASIL. CATALOGAÇÃO-NA-FONTE
SINDICATO NACIONAL DOS EDITORES DE LIVROS, RJ.

K85e

Konder, Leandro, 1936-
    Em torno de Marx / Leandro Konder. - São Paulo : Boitempo, 2010.
    (Marxismo e literatura)

    ISBN 978-85-7559-167-3

    1. Marx, Karl, 1818-1883. 2. Filosofia marxista. 3. Socialismo. 4. Comunismo. 5. Socialismo - Brasil. I. Título. II. Série.

10-6009.   CDD: 335.4
                                                                      CDU: 330.85

18.11.10   01.12.10   022948

É vedada a reprodução de qualquer parte
deste livro sem a expressa autorização da editora.

1ª edição: dezembro de 2010; 1ª reimpressão: novembro de 2011
2ª reimpressão: abril de 2016; 3ª reimpressão: abril de 2021

BOITEMPO EDITORIAL
Jinkings Editores Associados Ltda.
Rua Pereira Leite, 373
05442-000 São Paulo SP
Tel./fax: (11) 3875-7250 / 3872-6869
editor@boitempoeditorial.com.br | www.boitempoeditorial.com.br
www.blogdaboitempo.com.br | www.facebook.com/boitempo
www.twitter.com/editoraboitempo | www.youtube.com/tvboitempo

Sumário

ADVERTÊNCIA PRELIMINAR: DIFICULDADES NO CAMPO DE BATALHA ... 7

Primeira parte – EM TORNO DE MARX

    MARX: O HOMEM E A OBRA REVISITADOS ... 11
    MARX E A MORAL ... 21
    MARX E A RELIGIÃO ... 25
    MARX E A MORTE ... 29
    MARX NA HISTÓRIA E A HISTÓRIA EM MARX ... 35
    MARX E A DIALÉTICA ... 51

Segunda parte – A HERANÇA DE MARX

    THEODOR ADORNO ... 55
    WALTER BENJAMIN ... 63
    HERBERT MARCUSE ... 73
    JEAN-PAUL SARTRE ... 87
    GYÖRGY LUKÁCS ... 95
    ANTONIO GRAMSCI ... 105

Terceira parte – O MARXISMO NO BRASIL

    OS MARXISTAS BRASILEIROS: PRIMEIROS MILITANTES ... 117
    A FALA DA DIREITA NO BRASIL: DE 1936 A 1944 ... 125

NOTA

Muitas das citações foram inseridas com base em antigas anotações do autor. Por esse motivo, podem às vezes carecer de referências bibliográficas completas. Todos os esforços foram feitos para complementar tais referências, porém nem sempre isso foi possível.

Também procuramos incluir informações adicionais sobre pessoas mencionadas pelo autor, como o nome completo e as datas de nascimento e morte (quando era o caso). Quando, porém, não havia uma fonte segura para garantir a veracidade desses dados, optamos por não os inserir.

ADVERTÊNCIA PRELIMINAR: DIFICULDADES NO CAMPO DE BATALHA

Ao longo do último século ("último", é claro, no sentido de mais recente), a nossa vida sofreu modificações impressionantes. Em ritmo vertiginoso, os computadores transformaram as condições de trabalho de um número crescente de pessoas. A "indústria cultural" adquiriu uma influência enorme, através da manipulação do entretenimento.

O passado pode nos ajudar, enriquecendo nosso quadro de referências. Mas pode também nos atrapalhar, induzindo-nos a preservar ideias já superadas.

Neste livro, buscou-se pensar as consequências da crise no campo do pensamento de esquerda, cujo expoente – pela maior influência histórica que tem exercido nos últimos 180 anos – é o filósofo socialista Karl Marx (1818-1883). Sobre ele, já existem numerosas bibliotecas. O leitor tem todo o direito de indagar o que pretende ser este volume que surge ocupando novo espaço nas prateleiras. Qual é a ideia original que ele traz?

Em termos simples, a ideia é a seguinte: Marx se tornou uma celebridade por suas intervenções polêmicas no campo da história, na crítica da economia política, na análise das lutas de classes e na mudança das relações de produção. Um aspecto de sua contribuição à construção do conhecimento na cultura do Ocidente, porém, ficou subaproveitado: a dimensão filosófica.

Houve um inevitável prejuízo no alcance de conceitos políticos, econômicos e históricos apoiados em concepções teóricas – mais especificamente filosóficas – que não haviam assimilado toda a importância das ideias de Marx sobre o homem (sujeito da práxis) e a história (que abrangia tudo). O sujeito transforma a si mesmo e transforma historicamente o mundo. Esse movimento jamais é apreendido por cientistas que pregam a pseudoneutralidade metodológica.

Os cientistas erram. Não só eles: todos nós erramos. E é errando e corrigindo o erro que se aprende. Na esperança de diminuir seus erros, os homens aprendem a pensar mais criticamente e, por extensão, mais autocriticamente. O exercício do diálogo abre espaço para conhecimentos novos e ajuda a evitar que se percam conhecimentos desmistificadores.

Relembrar velhos mestres é tarefa da cultura viva. Este volume abre espaço a reflexões sobre Theodor Wiesengrund Adorno (1903-1969), Herbert Marcuse (1898-1979), Jean-Paul Sartre (1905-1980), Walter Benjamin (1892-1940), György Lukács (1885-1971) e Antonio Gramsci (1891-1937). Não para que sejam imitados, é óbvio, mas para que sejam digeridos de maneira a dar vida nova à filosofia. No presente caso, à filosofia de Marx.

primeira parte

EM TORNO DE MARX

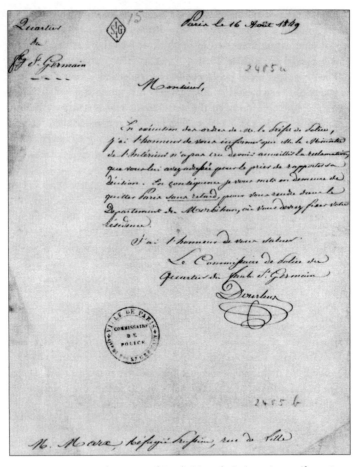

Documento que ordena a expulsão de Marx de Paris, após manifestação popular de 13 de junho de 1849, que cobrava do presidente e da Assembleia Legislativa respeito à constituição de 1848.

MARX: O HOMEM E A OBRA REVISITADOS

O pensamento de Marx está sendo submetido a uma severa revisão. Os que usam as ideias do mestre, ou simpatizam com elas, vêm manifestando certa perplexidade. O marxismo morreu? Se ainda está vivo, onde se acham seus centros de elaboração teórica mais influentes?

Por mais brilhante que tenha sido à época de sua criação no século XIX, por mais notável que tenha sido sua marca no século XX, o marxismo se ressente das graves derrotas que tem sofrido neste início do século XXI. Desde o começo da sua intervenção no movimento operário europeu, o marxismo vem tendo uma trajetória acidentada.

Marx deixou claro que não gostava do nome "marxismo", via-o com má vontade. E a má vontade se justificou quando, após sua morte e sem que Friedrich Engels (1820-1895) pudesse impedir, o termo passou a circular com grande desenvoltura, designando um conjunto de ideias que vinha de Marx mas articulava-se de maneira peculiar.

No fim do século XIX, Karl Kautsky (1854-1938), com o prestígio e o poder de quem era reconhecido simultaneamente como maior teórico marxista e secretário-geral do primeiro partido de massas na história do Ocidente, o Partido Social-Democrata da Alemanha, contribuiu de maneira decisiva para a adoção de um conjunto de textos de Marx que foram preparados para ser lidos, estudados e traduzidos na ação pelos militantes.

Marx, como sabemos, escreveu muito. A edição MEW (Marx-Engels-Werke) tem 45 volumes*. Pouquíssimas pessoas tinham condições de ler tudo que ele escreveu. Por isso, Kautsky teve enorme sucesso quando selecionou os textos que lhe pareciam ser, de fato, os mais importantes. As ideias de Marx foram

---

* Karl Marx e Friedrich Engels, *Werke* (Berlim, Institut für Marxismus-Leninismus, Dietz, 1956-1968). (N. E.)

organizadas como uma "doutrina", algumas foram descontextualizadas, outras sofreram uma simplificação excessiva, justificada em nome da urgência da ação.

A redução do aspecto filosófico do pensamento de Marx às fórmulas teórico-políticas dificultava aos leitores o entendimento dos conceitos que o pensador alemão criava. Aliás, esta é uma diferença a ser levada em conta: Marx criava seus conceitos; os leitores da versão doutrinária do marxismo kautskiano encontravam as ideias feitas e, em alguns casos, pré-digeridas.

Não seria justo ignorarmos os méritos de Kautsky. Mas, quando se converteu ao marxismo, era adepto da teoria darwinista e constatou, dizia ele, que não fora preciso mudar nada. A dialética, na época, era difícil de ser assimilada, e Kautsky, apesar de sua erudição, não parece tê-la entendido. Não era uma falha pessoal: era consequência da formação filosófica escancaradamente conservadora proporcionada às pessoas.

Outra dificuldade precisa ser lembrada. Alguns dos escritos imprescindíveis ao estudo específico da filosofia de Marx só foram publicados após sua morte, ocorrida em 1883. *A ideologia alemã** foi publicada em 1932, assim como as "Teses sobre Feuerbach"** (Engels publicou-as antes, mas num texto que continha palavras diferentes das de Marx). Os *Manuscritos econômico-filosóficos**** de 1844 também foram publicados em 1932. E os *Grundrisse* (um esboço do que seria *O capital*****) foram publicados em 1939, porém só circularam mais amplamente no fim da Segunda Guerra Mundial, a partir de 1945. Mesmo leitores críticos que pudessem entender a densa argumentação de Marx não poderiam ler manuscritos não publicados.

Os prejuízos decorrentes dessa situação foram enormes. Do ângulo de Marx, era previsível que os intelectuais conservadores detestassem *O capital*, sem se dar ao trabalho de apontar e condenar nele elementos insuficientes (até gostariam de saber se o livro tinha mais deficiências). Do ângulo dos trabalhadores e de seus aliados, empenhados em derrotar a burguesia e acabar com o capitalismo, as armas de luta deviam incorporar os avanços do conhecimento.

---

* São Paulo, Boitempo, 2007. (N. E.)
** Em *A ideologia alemã*, cit. (N. E.)
*** São Paulo, Boitempo, 2004. (N. E.)
**** 22. ed., Rio de Janeiro, Civilização Brasileira, 2008. (N. E.)

A ação transformadora tem de ser rigorosa, precisa, oportuna. Para isso, a práxis necessita da teoria. E nem toda teoria é boa. Grandes construções teóricas já sofreram derrotas consideráveis em batalhas travadas contra ideias improvisadas e frágeis. Por quê? Porque os combates históricos são decididos no plano da atuação das forças materiais.

Os conceitos, as imagens, as opções podem promover o enraizamento de convicções nos indivíduos, a paixão pode arrebatá-los; mas, quando se põem em movimento, eles são inapelavelmente indivíduos de carne e osso, corpos ciosos de sua corporeidade.

Um segundo movimento – de fisionomia revolucionária, mas vocação reformista – acompanhou a criação da União Soviética e as atividades dos partidos comunistas: o marxismo-leninismo. Os estragos que causou à teoria foram ainda maiores do que aqueles da corrente liderada por Kautsky.

Diante de uma bateria de conceitos esgarçados, era possível sustentar que se estava realizando um grande esforço no sentido de se aproximar do modelo da "sociedade sem Estado", que seria o comunismo. O sucessor de Vladimir Ilitch Lenin (1870-1924), Josef Stalin (1879-1953), em face das evidências de que o Estado soviético se fortalecia cada vez mais – em vez de desaparecer, como Marx queria – chegou a sustentar que o crescimento do Estado era um momento dialeticamente necessário de seu desaparecimento.

A dialética, da qual Stalin tinha conhecimentos superficiais, trabalha com a dinâmica das contradições e está obrigada a respeitá-las para poder efetivamente superá-las. No período em que Stalin comandou a URSS e o movimento comunista internacional, o marxismo-leninismo tinha uma relação inviável com as contradições: ora as ignorava, negava que tivessem importância, ora atribuía seu caráter dialético a contradições lógico-formais, ora reduzia eventos históricos a meros resultados de determinada causa (a história regida pela relação de causa e efeito passa a ser consequência "natural" de uma causa anterior).

Stalin era um político esperto. Como não tinha talento para a teoria, apoiou tendências teóricas que adulteravam o marxismo e reduziu certos temas teóricos a quase banalidades. Em sua abordagem do conceito de ideologia (em *O 18 de brumário**, por exemplo, Marx examina os vínculos entre a cultura e as opções po-

---

* São Paulo, Boitempo, no prelo. (N. E.)

líticas das classes sociais), o dirigente comunista russo tendia a reduzir as ideias às condições sociais que as condicionavam, vendo nelas os efeitos de uma causa; assim, ele via em Georg Friedrich Hegel (1770-1831) não o gênio da dialética, cuja leitura Marx e Lenin recomendavam, mas um mero filósofo reacionário alemão.

Mais grave que a pobreza do nível dos comentários de Stalin sobre questões teóricas foi a repressão sistemática adotada na URSS. Enquanto Marx, libertariamente, concebia o comunismo como uma sociedade sem Estado, Stalin "expurgava" milhares de cidadãos, entre os quais dois terços do comitê central de seu partido. É uma cruel ironia da história que para a opinião pública o marxismo esteja mais identificado com o ditador russo do que com o filósofo alemão.

Se, de um lado, havia marxistas que pretendiam ser fiéis à filosofia do pensador revolucionário, mas nunca chegaram a ter nas massas uma ínfima parcela da repercussão do marxismo "oficial" dos soviéticos, de outro lado, o imenso peso do Estado soviético, seu poder militar e sua vitória contra Adolf Hitler (1889--1945) possibilitaram a cooptação de numerosos intelectuais e artistas rebeldes.

Em diferentes momentos e graus, aproximaram-se do movimento comunista pintores como Pablo Picasso (1881-1973), Di Cavalcanti (1897-1976), Candido Portinari (1903-1962), cineastas como Charles Chaplin (1889-1977), Luchino Visconti (1906-1976), Jean Renoir (1894-1979), Ettore Scola (1931), cientistas como Paul Langevin (1872-1946), John Burdon Haldane (1892--1964), Henri Wallon (1879-1962), Jean-Frédéric Curie (1900-1958) e Irène Joliot-Curie (1897-1956), arquitetos como Oscar Niemeyer (1907), escritores como Bertolt Brecht (1898-1956), Paul Eluard (1895-1952), Louis Aragon (1897-1982) e tantos outros. (A lista poderia se alongar ainda mais. Sem maior esforço de memória: André Gide (1869-1951), Henri Barbusse (1873-1931), André Malraux (1901-1976), André Breton (1896-1966), Jorge Semprun (1923), John Steinbeck (1902-1968), Alejo Carpentier (1904-1980), Gabriel García-Márquez (1927), Jean-Paul Sartre, Simone de Beauvoir (1908-1986), José Saramago (1922-2010), Erskine Caldwell (1903-1987), Theodore Dreiser (1871-1945), Italo Calvino (1923-1985), Jorge Amado (1912-2001), Graciliano Ramos (1832-1953), Carlos Drummond de Andrade (1902-1987), Oswald de Andrade (1890-1954), Howard Fast (1914-2003), Dashiell Hammett (1894-1961), Lillian Hellman (1905-1984), Arthur Miller (1915-2005),

Vasco Pratolini (1913-1991), Roger Vailland (1907-1965), Pier Paolo Pasolini (1922-1975), García Lorca (1898-1936), John dos Passos (1896-1970) e Pablo Neruda (1904-1973). O que terá levado tantos e tão importantes criadores culturais a assumir posições de simpatia pela URSS ou de apoio aos comunistas?

Cada caso é um caso. Cada um travava, além dos combates na esfera pública, suas batalhas na solidão da esfera privada. Uns achavam que por caminhos tortuosos, afinal, talvez a sociedade chegasse a organizar os homens para uma vida mais livre e mais justa. Outros se horrorizavam com o ódio e o cinismo dos anticomunistas.

Por mais que tenham lamentado o fim da URSS, que deixou o mundo inteiro às voltas com a política agressiva e a prepotência dos norte-americanos, houve alguns marxistas rebeldes que confessadamente sentiram certo alívio com a imprevista derrocada do Estado fundado por Lenin. Ampliava-se assim o espaço em que se podia fazer a desejável releitura de Marx, rediscuti-lo, reavaliá-lo. Os personagens dessa história do marxismo, que se destacaram pela qualidade de seu pensamento, são bastante conhecidos, e pagaram um preço muito alto por sua independência. O italiano Gramsci, o húngaro Lukács e o alemão Adorno são autores de obras de leitura imprescindível. Benjamin também escreveu textos ousados, importantes, mas outros nomes poderiam ser acrescentados aqui: Palmiro Togliatti (1893-1964), Ernst Bloch (1885-1977), Mikhail Bakhtin (1895-1975) etc.

Uma recuperação da criatividade e do vigor crítico do pensamento radical de Marx depende dessa espécie de ensaísta, de autores capazes de fazer comentários instigantes, provocadores. Podemos imaginar as surpresas, os sustos e as alegrias que nos seriam proporcionados por novos Gramscis, Lukacses, Adornos, Benjamins. E – por que não? – por novos Antonios Candidos, Chicos de Oliveiras, Robertos Schwarzes, Sartres, Karels Kosikes, Paulos Arantes, Michaels Löwys, Carlos Nelsons Coutinhos e outros.

Essa imagem, contudo, é incompleta, por isso permanece utópica. O pensamento de Marx precisa aproveitar as contribuições desses teóricos batalhadores, sem dúvida, pois são elas que o mantêm vivo; mas, para ser coerente com sua concepção da história, para ressurgir com toda a sua força no campo de batalha, ele precisa encontrar nos movimentos sociais seu "exército", seus "portadores materiais", aos quais ele leva sua perspectiva revolucionária. E tratar de desenvolvê-la em sintonia com a experiência que aqueles homens estão vivendo. É o encontro da ação com a teoria – aquilo que Marx chamou de *práxis*.

A práxis é o conceito central da filosofia de Marx, o que está mais vivo nela. É a matriz de uma concepção original da história, uma concepção que, sendo materialista, reconhece o poder do sujeito de tomar iniciativas, fazer escolhas. Por isso, precisa de uma ética. Depende de valores que lhe permitam empenhar-se em projetos de transformação do mundo, na criação de um tipo melhor de sociedade, num futuro pelo qual valha a pena lutar. São os valores – "vale a pena" – que fazem um operário politizado levantar da cama de madrugada para participar de uma greve.

Desde que Marx analisou criticamente o capital, quer dizer, o modo de produção capitalista, o sistema se modificou bastante, e muitas coisas escritas no livro estão envelhecidas ou superadas. As formas de intervenção do Estado na economia se sofisticaram, a produção cultural cresceu uma enormidade e tornou-se capaz de uma influência que no tempo de Marx era inimaginável. A burguesia promoveu um vertiginoso desenvolvimento das forças produtivas, os avanços tecnológicos são espantosos. O que devemos concluir, então, é que essa análise crítica do capitalismo está morta?

São legítimas as dúvidas na resposta a essa pergunta. De um lado, podemos pinçar afirmações improcedentes no texto de Marx. De outro, do século XIX até o início do século XXI, nenhum dos grandes problemas apontados pelo filósofo foi resolvido pelo capitalismo. O capital, na medida em que passou a funcionar como o centro da vida social, continua extraindo "mais-valia" dos trabalhadores. O mercado joga todos contra todos, cultivando um espírito ultracompetitivo, ferindo a sensibilidade das pessoas, endurecendo seu coração.

O próprio avanço tecnológico vertiginoso, tal como é feito, em estreita associação com o lucro (gosto de lembrar que o termo vem do latim *lucru*, que deu origem tanto a "lucro" como a "logro"), privilegia nos investimentos as atividades mais lucrativas e gera uma taxa alta, permanente, de desemprego.

Posto sob o controle da sociedade, o mercado pode lhe prestar serviços relevantes como indicador de tendências que exigem atenção e requerem providências; transformado pela burguesia em centro da vida social, assume características inumanas, patológicas, com graves consequências e perversos efeitos colaterais.

O mesmo se pode observar na atual intervenção do Estado na sociedade. Chamando a atenção para a radical – ineliminável – "estranheza" que existe na relação do Estado com a sociedade, Marx repele as tentativas de setores que concebem a história política como um processo que se esgotaria quando alcançasse o nível ideal de um "Estado bom". Não se trata absolutamente de subestimar as imprescindíveis lutas por reformas, os combates por mudanças democratizadoras parciais nessa instituição chamada Estado. Trata-se apenas de ser realista: aproveitar as batalhas e escaramuças da guerra que a burguesia nos impõe, sem alimentar ilusões a respeito dos limites daquilo que os adeptos do "Estado bom" insistem em apresentar como alvo "suficiente" para o esforço dos "socialistas sensatos".

O que, então, está realmente morto no pensamento de Marx? Seus escritos políticos, embora contenham alguns pontos agudíssimos, constituem às vezes abordagens insatisfatórias de fenômenos que viriam a revelar-se bem mais complexos do que ele supunha. Na Europa do tempo do *Manifesto Comunista** (1848), não havia partidos de massa nem sindicatos de massa. Excepcionalmente, a política conseguia sensibilizar milhares de pessoas; passaria, no século XX, a sensibilizar milhões.

Nos desdobramentos da dinâmica da industrialização, Marx chegou a prever uma polarização que resultaria na contraposição entre as duas classes decisivas: a burguesia e o proletariado. Equivocou-se. Mais tarde, ele próprio, de passagem, previu nas sociedades industriais uma proliferação de classes e grupos – sem se dar ao trabalho de fazer uma autocrítica.

Em sua constante busca de universalidade, Marx, em seus últimos anos, passou a ler muito sobre sociedades abrangidas pelo capitalismo, porém não facilmente assimiláveis pelo capitalismo "clássico": China, Índia, Argélia. Mas o que observou não modificou sua concepção da história. No plano dos sentimentos pessoais, na única vez em que saiu da Europa, foi à Argélia e detestou a viagem.

Uma enciclopédia norte-americana encomendou a Marx um longo verbete sobre Simon Bolívar (1783-1830) e ele aceitou a incumbência. Redigiu um texto ruim, baseado em informantes facciosos que, contrariados por Bolívar,

---

* São Paulo, Boitempo, 1998. (N. E.)

empenharam-se em caluniá-lo e ridicularizá-lo. Marx não nos ajuda em nada a compreender a relação de Bolívar com os povos cuja luta pela independência este liderou.

Os teóricos que atualmente se movem no âmbito da controvérsia entre os socialistas e os defensores do capitalismo reconhecem que devem muito a Marx, porém sabem que em alguns momentos a discussão envolve questões que necessitam de novos enfoques, novas ferramentas. Alguns se dedicam alegremente a salientar "impropriedades" nos escritos do pensador revolucionário e praticam o que já mereceu a designação de "catar piolhos em couro de elefante".

O que "pedimos" a Marx? O que esperamos encontrar em seus escritos? De maneira geral, o que prevalece hoje, nas respostas a essas duas perguntas, tem a ver com nossa preocupação com a liberdade. O que entendemos por liberdade nas condições atuais, no Brasil e no mundo? A liberdade, tal como é vivida por indivíduos cada vez mais autônomos, é sempre prejudicada pelos movimentos que se insurgem contra a desigualdade social? Até quando os valores éticos, que só se realizam de modo significativo em ligação com autênticas comunidades humanas, conseguirão resistir ao bombardeio de cinismo e egocentrismo sofrido por nossas sociedades pulverizadas? Até quando a burguesia chorará sua incapacidade de impingir à sociedade os valores quantitativos – leia-se: o dinheiro – na função de valores qualitativos essenciais? E até quando os dominantes insistirão nas tentativas de convencer os dominados de que o valor de troca é mais importante que o valor de uso?

A concepção do homem em Marx é clara: o homem é o sujeito da práxis, que existe transformando o mundo e a si mesmo. É um ser que inventa a si mesmo, por isso às vezes nos surpreende e escapa. Na confusão criada hoje em dia pelo capitalismo, os indivíduos se libertam de grilhões envelhecidos, mas assumem outros vínculos, novos grilhões, que também os aprisionam. Bertolt Brecht, em sua *Mãe coragem e seus filhos**, põe em cena uma mulher do povo que descobre que pode fazer da guerra um bom negócio, porém a guerra vai lhe matando os filhos. Não foi por acaso que Brecht disse certa vez que Marx era o espectador ideal de suas peças.

---

* Em *Teatro completo* (Rio de Janeiro, Paz e Terra, 1999), v. 6. (N. E.)

A direita enfrenta enormes dificuldades para dar a Marx um atestado de óbito convincente. Para declará-lo defunto, procura desviar a discussão das ideias para a pessoa. Marx, que foi cassado e perdeu a cidadania alemã sem ganhar a cidadania inglesa, é criticado como "mau cidadão".

Alguns lembram que na intimidade do lar ele era bastante conservador. Há uma carta sua para Paul Lafargue (1842-1911), então namorado de sua filha Laura (1845-1911), bastante conhecida: nela, Marx lhe diz que se comporte, que não toque na moça, que não invoque seu sangue cubano (crioulo) e aja de acordo com as normas de conduta vigentes na Inglaterra, no meridiano de Greenwich. E manifesta, como qualquer pai burguês, sua preocupação com a falta de dinheiro de Paul Lafargue, que não assegurava a Laura o nível de vida a que ela estava acostumada.

Mais grave é o caso do filho que Marx teve com Hélène Demuth (1820-1890), quando sua mulher, Jenny von Westphalen (1814-1881), estava fora do país. Engels assumiu a paternidade, livrando a cara do amigo, mas, antes de morrer, esclareceu o ocorrido. E a filha caçula de Marx, Eleanor (1855-1898), dizia que chorava não porque o pai tinha tido um filho adulterino e guardado segredo, e sim porque ele teria pedido a Engels que entregasse o menino para ser criado por uma família do East End, em Londres, sem se interessar por ele em nenhum momento.

São informações que nos trazem aspectos da personalidade de Marx que cada um pode avaliar por sua conta e risco. Não creio, contudo, que essas atitudes infelizes, que lançam manchas sobre o homem, possam ser consideradas partes "mortas" do pensamento marxiano. Nos incidentes recordados não há nenhum conceito filosófico comprometido: são fraquezas do homem, não do pensador. Um gênio nem sempre é genial em tudo que faz.

De pé, Friedrich Engels e Karl Marx.
Sentadas, as filhas de Marx: Jenny, Eleanor e Laura.

MARX E A MORAL

"Sujeito", etimologicamente, vem de *subjectus*, sujeitado, subordinado a um princípio que parece se impor por si mesmo. Nas condições em que a vida está organizada, sob pressão da burguesia, os sujeitos se orgulham de suas iniciativas e a convicção de que são autônomos é tão forte que o sentido da palavra mudou.

O sujeito ficou sendo aquele que se contrapõe ao objeto e com frequência exerce sua autoridade sobre o outro, ou seja, impõe ao outro a sua lei. O reconhecimento da subjetividade e de toda a sua força, contraposta à do objeto, prevaleceu na filosofia moderna e contemporânea.

Por outro lado, constatou-se que a objetividade não era menos exigente do que a subjetividade. Em princípio, sempre podemos nos equivocar: queremos alcançar um conhecimento seguro, confiável – objetivo – da realidade e resvalamos inadvertidamente no subjetivismo. O sujeito, ao tomar consciência da crise que não pode deixar de enfrentar, cultiva dúvidas, passa a observar de forma mais reflexiva a dimensão interior de sua consciência e desenvolve a capacidade de conviver com as incertezas.

René Descartes (1596-1650), em sua aventura filosófica, achou que só construiria seu sistema filosófico se se submetesse ao teste de uma dúvida absoluta, que abrangeria mesmo sua própria existência. Havia algo de ingênuo no pensador barroco e em seu pressentimento de que novas preocupações e novos critérios seriam necessários (sempre são).

As condições atuais são diferentes. As pressões são outras. O sujeito não se pergunta se ele de fato existe, como Descartes (1596-1650) chegou a indagar sobre si mesmo. O que ele pergunta é se determinada conjuntura do mercado é favorável a um bom negócio. O mercado, posto no centro da dinâmica da sociedade, cobra das pessoas que desenvolvam o espírito competitivo, tomem iniciativas, façam escolhas rápidas, movam-se em ritmos que podem se tornar vertiginosos. Vivemos como se estivéssemos em guerra. (E, em certo sentido...)

Há, mais do que nunca, um conceito de Marx que corresponde a essa demanda de conhecimentos construídos em condições muito problemáticas e aponta para possibilidades animadoras em nosso esforço para segurar com firmeza as duas extremidades da corrente: a práxis.

A práxis surge quando o sujeito humano se contrapõe ao objeto e começa a desenvolver um longo trabalho de subordinação dos movimentos da realidade objetiva aos seus projetos. É uma atividade que precisa da teoria para, autocriticamente, proporcionar ao sujeito o poder de fundamentar suas decisões e superar seus erros ou insuficiências.

Ela dá conta da canalização das energias criadoras do sujeito na direção que lhe é imposta pelo desafio concreto da realidade objetiva. Com a ajuda do conceito, o conhecimento pode lutar para evitar os riscos fatais tanto do subjetivismo como do objetivismo (ou do determinismo mecanicista e do fatalismo).

O conceito de práxis custou a ter sua importância plenamente reconhecida. Mesmo entre os marxistas, havia clara preferência por outros conceitos. Os dois textos nos quais Marx utilizou-o (as "Teses sobre Feuerbach"* e os *Manuscritos de 1844***) só foram publicados na íntegra em 1932. Talvez esse atraso tenha favorecido a incompreensão.

Nos 88 anos que se passaram, os conceitos que Marx usou em seus escritos de crítica da economia política, história e crítica política "cristalizaram", por assim dizer, uma imagem bem pouco filosófica do "cientista" (ou do "profeta") Marx. Não sendo reconhecido como filósofo, era difícil que seu conceito de práxis fosse compreendido em conexão com os outros conceitos filosóficos de seu arsenal. Para se ter uma ideia da confusão teórica na época, foram feitas tentativas heroicas de edição dos escritos de Marx que falavam de "práxis" – em português, a palavra foi traduzida como "prática". Uma extremidade da corrente (a prática) era mantida bem segura; a outra, contudo, a teoria especificamente imprescindível ao caso, escapava.

Sem o conceito de práxis criado por Marx, não sabemos se a reflexão sobre os problemas da crise dos "valores" conseguirá se aprofundar. Não sabemos se a reação enfática, drástica, dos "moralistas", contrapondo-se ao ataque dos cí-

---
* Em Karl Marx e Friedrich Engels, *A ideologia alemã*, cit. (N. E.)
** Karl Marx, *Manuscritos econômico-filosóficos*, cit. (N. E.)

nicos (cuja retórica é inócua e cuja força é patética), receberá adesões e virá a ter chance de vencer alguma batalha nessa guerra.

A experiência histórica mostra que o moralismo, independentemente das intenções daqueles que o cultivam, é inócuo. Não é através dele que se conseguem fortalecer valores autenticamente humanos, desprezados pelos cínicos. O moralismo reduz a questão moral a um problema de linguagem. Mas os olhos dos outros não se iludem: os ouvidos dos zeladores dos costumes (do "ethos") podem se distrair ouvindo o discurso do cínico, porém o olhar vigilante dos desconfiados investiga o tempo todo se o que os indivíduos dizem é confirmado pelo que fazem.

Às vezes, é muito difícil pegar o cínico em sua fala, seu discurso, sua argumentação. Como não acredita no que diz, o cínico pode dizer qualquer coisa. O conceito de práxis nos adverte para a necessidade de observarmos a articulação da fala com a ação, a articulação do "discurso" com a intervenção transformadora.

Mesmo Merleau-Ponty (1908-1961), em seu *Humanismo e terror**, um livro bastante crítico ao marxismo, admite que um dos méritos deste está na cobrança aos cientistas de uma postura de confronto entre o que se diz e o que se faz: o discurso e a ação.

Se observarmos alguns dos personagens interrogados ou acareados na TV, vale a pena confrontar o que eles dizem com o que têm feito. Que alianças políticas eles têm firmado? De qual grupo têm sido sujeitos e a qual grupo têm se sujeitado? E, para finalizar, estão no bloco dos cínicos ou no dos moralistas?

Benito Mussolini (1883-1945), um dos campeões dos cínicos, dizia que havia aprendido com Marx que "tudo é ideologia", que a "busca da verdade" jamais superará o uso da ideologia como camuflagem necessária e que na política ela ajuda a disfarçar o interesse particular por baixo de uma fachada mistificadora apresentada como interesse geral.

Na perspectiva de Mussolini, não há espaço para reconhecer ou criar valores. Na perspectiva de Marx, não há como viver humanamente sem valores. O que se discute é "que valores eu adoto?". "E como posso torná-los mais convincentes em meus argumentos?"

---

* Rio de Janeiro, Tempo Brasileiro, 1968. (N. E.)

É claro que na história do marxismo aconteceram coisas constrangedoras, mais do que lamentáveis. Em diversas ocasiões, mecanismos perversos interferiram nos pseudovalores recém-nascidos na reflexão dos indivíduos e, com seus resultados pífios, contribuíram para destruir novos valores, verdadeiros, que brotavam, ainda que confusamente, nos formigueiros humanos das comunidades.

Para Marx, os valores constituem um fundamento essencial da práxis. A atividade própria do homem – aquela em que ele se humaniza (a práxis) – é teleológica. E antecipadora, projetiva. Nada é absolutamente garantido, nada é imutável. Os próprios fundamentos das opções que vão se fazendo ao longo da vida pedem muitas vezes reexames, revisões.

Na concepção de Marx, a ideologia está embutida na subjetividade. A possibilidade da distorção ideológica está contida na possibilidade de conhecer. O que a ideologia falseia é algo que contém, em geral, o embrião de um conhecimento. Assim, não tem sentido acusar a concepção da história de Marx de amoralismo, ou de pragmatismo, como não tem sentido repetir a leitura cínica e falsa do conceito de ideologia de Marx feita por Mussolini, para quem não há conhecimento e "tudo é ideologia".

Exatamente porque a ideologia é uma distorção do conhecimento que pode estar se efetivando a qualquer momento e em qualquer lugar, a crítica e a superação das distorções dependem da teoria.

De fato, dependem da práxis, isto é, da atividade de expansão dos sujeitos humanos, do que eles fazem, das suas escolhas, das decisões que tomam, das ações que empreendem. Em determinadas situações, a prática precisa de teoria para enxergar além das limitações que a ideologia lhe impõe.

Se tivermos a imprescindível persistência, travando as batalhas que a vida nos desafia a enfrentar, verificaremos que podemos vencer qualquer batalha contra a distorção ideológica, mas não podemos, na comemoração de alguma batalha vencida, declarar a guerra ganha.

Quanto mais nos convencêssemos de termos vencido a guerra e eliminado a ideologia, maior seria a probabilidade de ela aproveitar nossas ilusões "triunfalistas", que entram em contradição com o esforço constante de superação do despedaçamento do real.

MARX E A RELIGIÃO

Marx era notoriamente ateu. Em diversas ocasiões, deixou claro que não acreditava em Deus. Ao longo da história, podemos verificar que crer ou não crer é uma questão importantíssima para a pessoa do crente ou do descrente – e menos importante para os grupos humanos que se formam e se transformam à luz de rituais e doutrinas.

Nesta nossa época pragmática, utilitária, as crenças se relativizam, as seitas se combinam, se misturam e frequentemente se confundem. Também é verdade que, em alguns casos, os atritos entre grupos ou comunidades são manipulados por interesses econômicos, políticos ou meramente publicitários. Dependendo das peculiaridades da inserção dos crentes na história, sejam eles católicos, protestantes, luteranos, evangélicos, calvinistas, metodistas anglicanos, presbiterianos ou outros, seu comportamento estaria ligado em vários níveis às condições particulares da história de cada país.

Ainda estamos longe de chegar a um diálogo efetivamente democrático, no qual os interlocutores disponham de condições paritárias. Os observadores ficam escandalizados quando leem nos jornais ou nas revistas que grupos religiosos cristãos agridem fisicamente pessoas dedicadas à macumba, ao candomblé e a outros cultos africanos. A polícia do Rio, até quase a metade do século XX, ainda mantinha uma visceral desconfiança com relação a alguns ambientes de encontro de sambistas cariocas. Em muitos lugares, ainda predominam imagens pitorescas de ritos risíveis, praticados por seres "primitivos".

No âmbito do convívio das chamadas "grandes religiões", algumas contradições se exacerbam. Os cultos de Buda, Brahma ou Kung-Fu-Tse (551 a.C.- -479 a.C.) (abrasileirado para Confúcio) combinam-se com motivações políticas cada vez mais combativas. Os muçulmanos, em especial, têm combinado energicamente a defesa de valores tradicionais do Islã com uma compreensível firmeza em face das pressões ocidentais. (Ao escrever isso, o autor imediatamente esclarece que não está de acordo com todas as posições que vêm sendo adotadas pelo Islã, sobretudo no que se refere à fabricação de bombas atômicas pelo Irã.)

Convém, entretanto, não nos afastarmos de nosso roteiro, que precisa dizer, aqui, algo específico sobre o pensamento de Marx a respeito da religião.

"E a religião é de fato a autoconsciência e o sentimento de si do homem, que ou não se encontrou ainda ou voltou a se perder."[1] O Estado e a sociedade produzem a religião. A religião, do ponto de vista do ateu Marx, é uma consciência absurda do mundo.

A religião é a realização fantástica da natureza humana, porque a natureza humana não tem realização verdadeira. "A miséria *religiosa* constitui ao mesmo tempo a *expressão* da miséria real e o *protesto* contra a miséria real. A religião é o suspiro da criatura oprimida, o ânimo de um mundo sem coração e a alma de situações sem alma." Depois de ter exposto essa convicção no ensaio sobre a filosofia do direito de Hegel, em 1844, Marx ainda acrescentou: "A religião é o *ópio* do povo"[2]. Essa última frase ficou célebre.

Marx se desentendeu com os irmãos Edgar Bauer (1820-1886) e Bruno Bauer (1809-1882) num bar, em Berlim, quando eles insistiram que a libertação da humanidade só poderia vir depois da libertação dos judeus.

Depois de ter ido para Paris, em meio à agitação política que assustou a burguesia europeia, Marx se deu conta da profundidade das divergências que tinha com alguns autores que chegara a conhecer e com quem batia papo, como Ludwig Feuerbach (1804-1872), Pierre Proudhon (1809-1865), Moses Hess (1812-1875) e Arnold Ruge (1802-1880). A única amizade baseada na admiração mútua que Marx conseguiu preservar foi com Engels.

As categorias e os conceitos que Marx criou em seus estudos de história com frequência foram mal compreendidos e criaram a oportunidade para que seu "materialismo histórico" fosse usado como um "pé de cabra" que legitimava os movimentos do adversário, recorrendo a um fio condutor que, na melhor das hipóteses, revelava algo já sabido.

Outro efeito colateral da "aplicação" da receita de seus interlocutores hostis decorria do caráter determinista que era atribuído à concepção da história do

---

[1] "Crítica da filosofia do direito de Hegel – Introdução", em Karl Marx, *Crítica da filosofia do direito de Hegel* (São Paulo, Boitempo, 2005), p. 145.
[2] Idem.

filósofo socialista. O determinismo instaurava para a necessidade um domínio tão poderoso que não havia saída para a liberdade. Por mais que quisessem, os sujeitos humanos não conseguiam ter espaço para ser efetivamente livres: suas iniciativas já nasciam sob a dependência da necessidade.

Marx, no entanto, foi taxativo: "O reino da liberdade só começa mesmo onde cessa o trabalho imposto pela carência e pela necessidade exterior. Ele se acha, portanto, pela própria natureza das coisas, fora da esfera da produção material propriamente dita"[3].

Quando olhamos em volta, vemos objetos (as mercadorias) em movimento, porém não enxergamos o movimento dos sujeitos que se ocultam por trás dos objetos, no mercado. Isso é resultado da alienação. Para neutralizar as consequências da alienação, no plano religioso, precisamos reconhecer que a alienação religiosa se realiza como tal no âmbito da consciência do sujeito, e a alienação econômica é diretamente alienação da vida real. Marx achava que a luta contra a alienação econômica devia preceder politicamente a luta pela superação da alienação religiosa.

Chocado com o contraste ente o cristianismo e o movimento operário, Marx fustigou os cristãos, afirmando que seus princípios sociais tinham aprovado a escravidão e a servidão medieval, assim como a divisão da sociedade em classes (limitando-se a formular o voto piedoso de que a classe dominante fosse caridosa). E ia além: condenava os princípios sociais do cristianismo porque transpunham para o céu a reparação das infâmias cometidas na Terra e expunham aqueles que Deus mais amava aos maiores sofrimentos.

> Os princípios sociais do cristianismo pregam a covardia, o autodesprezo, a humildade, a submissão; em suma, todas as qualidades da canalha. O proletariado, que se recusa a ser tratado como canalha, precisa muito mais de sua coragem, de seu respeito por si mesmo, de seu orgulho e de seu gosto pela independência do que do seu pão.[4]

Na história da filosofia, o espaço dos ateus é vasto e complexo. Constam da galeria nomes como Epicuro (341 a.C.-271 a.C.) e Lucrécio (94 a.C.-50 a.C.), Helvétius (1715-1771) e La Mettrie (1709-1751). Marx e Engels integram esse

---

[3] Karl Marx, *O capital*, cit., v. 3, p. 31.
[4] Karl Marx e Friedrich Engels, *Werke*, cit., v. 4, p. 200.

grupo. E eram ateus preocupados com a possibilidade de serem mal compreendidos e vistos como perseguidores de crentes. Em 1874, antes da Revolução Russa de 1917, Engels dizia, em clara oposição profética ao que se faria na criação da URSS, trinta anos mais tarde: "Isto [porém] é certo: o único serviço que, hoje em dia, ainda se pode fazer a Deus é o de declarar o ateísmo um artigo de fé compulsório"[5].

E Marx, em *O capital*, argumenta que, enquanto as pessoas tiverem ideias e sentimentos religiosos, significa que o mundo ainda funciona de maneira a produzir consequências que procuram se expressar por meio dos crentes. Não há por que os perseguir. Eles não são a causa, mas a manifestação da fé. O filósofo assegura que, quando a sociedade se mostrar no cotidiano racional e transparente, a necessidade da religião desaparecerá.

Movido por seu ímpeto polêmico, Marx antevê uma sociedade "racional e transparente" e uma situação que promoverá o desaparecimento da religião. Não podemos deixar de assinalar nossa estranheza diante dessas proclamações peremptórias na boca de um pensador que se empenhava em evitar que suas formulações ficassem excessivamente impregnadas de ideias deterministas.

O desafio que atravessa o caminho dos pensadores dialéticos que se movem nos horizontes de Marx e Hegel é o da universalidade. Como pensar algo que é sempre mais abrangente do que nossa realidade e nosso pensamento?

---

[5] "Programa dos refugiados blanquistas da Comuna", em Karl Marx e Friedrich Engels, *Obras escolhidas* (Lisboa, Edições Avante, 1982). Disponível em: <http://www.marxists.org/portugues/marx/1874/06/26.htm>.

MARX E A MORTE

Em grande medida, sou como sou, tenho a personalidade que tenho, em função de uma descoberta que fiz muito cedo: a da inevitabilidade e da importância da morte. Percebi que a morte é um problema gravíssimo, o mais grave de todos. E, a meu ver, não tem solução.

A morte é a única certeza racional que nos é imediatamente acessível. É uma certeza perturbadora, porque nos traz a consciência de que a contradição entre o singular, que somos nós, e o universal, a que aspiramos, resulta inexoravelmente na eliminação do polo em que nós indivíduos nos encontramos.

A sensação da finitude é muito penosa. Daí a intensificação da busca do que perdura, do que vai além das limitações de nossa condição humana atual. A busca da transcendência pode ser feita em duas direções distintas: a do futuro e a do além. Pode ser mística ou utópica. Pode apontar na direção de um outro mundo ou na direção deste nosso mundo, mas inteiramente transformado e redimido.

A diferença não é grande. Nosso mundo, inteiramente transformado e redimido, já não é nosso mundo. O futuro, na exata medida que não é o presente, distingue-se deste e vai além dele. Com as condições atuais de vida, temos alguma familiaridade. O futuro, entretanto, é terra incógnita, região nunca antes desbravada.

O além da transcendência religiosa – o além dos místicos – sinaliza o que ainda não aconteceu e, no entanto, sempre acontecerá: a morte, a alma libertando-se do corpo (alguns acreditam na reencarnação). Sempre alguma coisa que está por vir. E a crença do religioso no outro mundo é também, inevitavelmente, crença em algo que revelará toda a força da sua verdade no futuro.

Mas há outras reações diante da inexorabilidade com que se apresenta a nós a questão da morte. A mais comum é: "Não quero pensar nisso. Não vejo por que alguém teria razão de ser inconformado com a sua finitude. Nascemos, vivemos e morremos. Isso é tudo. E é natural". É uma reação legítima. Paga-se, entretanto, na moeda da automistificação, um preço alto por ela.

Os epicuristas diziam que, enquanto a morte não chega para mim, ela é um problema dos outros, dos que estão morrendo. E, quando ela me alcançar, não será meu problema, justamente porque eu não existirei mais. Mas a frase atribuída a Epicuro só seria razoável se dispuséssemos de dois pressupostos:

1. Se fôssemos capazes de permanecer imunes a qualquer envolvimento afetivo com a morte dos outros.
2. Se fôssemos capazes de ignorar a presença da morte, antes de sua ocorrência, no processo da vida, nas mazelas do corpo, na experiência vivida na nossa fragilidade individual.

Na falta de tais pressupostos, o tema volta a se impor à nossa reflexão. E esta acaba se tornando uma das características mais marcantes da ideologia conservadora dominante na época atual: embora constantemente desafiados pela vida a pensar na morte, esquivamo-nos a encará-la, evitamos falar sobre ela.

O ambiente espiritual chamado *pós-moderno*, como parte de um movimento de aceitação do caráter fragmentário do real, facilita a desqualificação do tema.

A morte é a única certeza racional imediatamente acessível a todos e a cada um de nós. E é uma certeza racional negativa. O que sabemos sobre ela? Sabemos que dela ninguém escapa. Trata-se, obviamente, de um saber amargo. Porém, necessário. O reconhecimento dos limites do nosso saber sobre a morte nos impõe uma revisão permanente do nosso saber sobre a vida. Em linguagem hegeliana, poderíamos dizer que vida e morte são conceitos de determinação reflexiva.

Por sua abrangência, os dois conceitos não comportam uma abordagem filosófica que se disponha a ignorar a interdependência que – contraditoriamente – os une. E, por sua desafiadora unidade, não comportam um procedimento analítico que se limite a parti-los, e reparti-los, reduzindo-os a pedaços que não compõem um todo. A morte, porém, é um todo, que abrange a totalidade dos vivos.

Os seres humanos manifestam, com frequência, grande dificuldade para pensar a respeito da morte. A morte, é claro, apresenta-se inexoravelmente em todas as vidas. É impossível escamoteá-la. Os seres humanos, entretanto, recorrem de maneira consciente ou inconsciente a todos os meios para atenuar a presença dela, incorporando-a a rituais que procuram enfraquecer-lhe o impacto. Nesses rituais, quem morre é sempre o outro.

Não há dúvida de que o outro, no caso, é alguém com quem me identifico. Então, de certo modo, o outro sou eu. Bem observado o rito, acaba sendo enfatizada a maior ou menor distância entre a vida (a minha) e a morte (a alheia).

Por mais forte que possa ser, em determinados momentos, nossa capacidade de estranhar o outro, o diferente, aprendemos a conviver com ele. Nossa identidade passa pela assimilação da alteridade. Então, procuro no outro o caminho para solucionar meu problema: o de conferir sentido à vida (a minha) e à morte (a alheia). Saint-Exupéry (1900-1944), famoso escritor francês, dizia que quem dá um sentido à vida dá um sentido à morte. É compreensível que a inspiração humanista dessa frase tenha sido acolhida com simpatia por tantos leitores.

De fato, os seres humanos buscam, ao se associar, encontrar um sentido para sua existência individual. Já houve um tempo em que se acreditava que os anacoretas, místicos que se isolavam no deserto, davam sentido à sua vida, porque na solidão estavam mais perto de Deus. Hoje, a proposta dos anacoretas não seduz praticamente ninguém.

Vivemos todos em comunidades de vários tipos e naturezas. Muitos procuram articular seus projetos pessoais com comunidades que vão desde a família e o grupo dos amigos diletos até a nação e a humanidade, passando pela igreja, pelo partido, pelo sindicato, pela torcida no futebol, pela escola de samba etc. É nessas comunidades que – a despeito das diferenças de opções – os indivíduos tentam se apoiar para se aferrar à vida e diminuir o medo da morte. É nelas que buscamos fortalecer os elementos de convicção, as armas capazes de nos permitir enfrentar nossa agonia (*agonia* em grego é combate; agonia, portanto, é o combate final).

A família e o grupo dos amigos diletos são comunidades pequenas, constituídas de pessoas tão mortais quanto eu, seres finitos que talvez eu veja falecer antes de mim. A igreja (em grego, *ekklesia*, assembleia de fiéis) acena com a imortalidade da alma num mundo em que crescem as dúvidas a respeito da própria existência da alma.

As torcidas no futebol e as escolas de samba, pela própria natureza do entusiasmo que suscitam, são simpáticos paliativos de uso estritamente particular e limites assumidamente restritos, derivados de uma renúncia à ambição da universalidade. De maneira geral, essas (e outras) formas de comunidade permanecem ligadas às circunstâncias, a situações singulares.

Isso vale também para a nação. Independentemente de sua extensão territorial, da riqueza de sua história, da vitalidade de sua cultura, a nação é sempre uma comunidade particular que, ao ampliar seus horizontes, "se universaliza" sem se tornar, contudo, ela mesma, universal. A nação pressupõe, contraditoriamente, um compromisso de se pensar universal no seu projeto mas se conceber relativa nas comunidades que a integram. Esta contradição inviabiliza o compromisso da nação com a religião e a independência das pessoas que a compõem.

O que nos resta, então, é a comunidade humana, a humanidade em seu sentido mais amplo. Todos pertencemos à universalidade do gênero humano, porém não a realizamos automaticamente, de maneira espontânea, em qualquer coisa que venhamos a fazer. Ao contrário dos cachorros, que em suas ações efetivam sempre aquilo que poderíamos chamar de "cachorridade", nós podemos agir (e, de fato, às vezes agimos) contra nossa espécie, desrespeitando o que convém à humanidade.

Essa peculiaridade amplia o campo de nossas opções possíveis, expande a esfera de nossa liberdade, mas faz com que paguemos um preço muito alto: na medida em que podemos agir contra o interesse biológico de nossa própria espécie, ficamos impossibilitados de nos identificar com ela tão plenamente a ponto de cancelar o negativo de nossa extinção pessoal por meio da convicção de que estaremos vivos na espécie que nos continua.

O jovem Marx, em seus *Manuscritos econômico-filosóficos* de 1844, reconheceu o problema: "A *morte* aparece como uma dura vitória do gênero sobre o indivíduo *determinado*"[1]. Como é de seu feitio, o pensamento de Marx se recusa a permanecer na esfera do reconhecimento da questão e tenta sempre enfrentar o desafio de solucioná-la. Mais tarde, em 1859, num texto que escreveu para apresentar sua *Contribuição à crítica da economia política*, o futuro autor de *O capital* assegurava que os homens não formulam problemas que eles mesmos não possam resolver.

Se, tal como a morte lhe aparece, ela parece ser uma dura vitória da singularidade do indivíduo, é porque este ainda não compreendeu plenamente que

---

[1] Karl Marx, *Manuscritos econômico-filosóficos*, cit., p. 108.

ele não se reduz a sua singularidade e ainda não percebeu com clareza que sua pertinência para a espécie está interiorizada, está dentro dele, não lhe é externa.

A direção em que Marx se move é, sem dúvida, interessante. Se cada um de nós é um "indivíduo social real", como dizia o filósofo em 1844, podemos admitir que a organização da vida em termos que nos permitam assumir mais concretamente as atividades que contribuam para o movimento infinito do gênero humano pode vir a ter como consequência atenuar a frustração que nos é imposta por nossa finitude.

Alguns aspectos da proposta, entretanto, permanecem questionáveis. Compreende-se que Marx tenha sublinhado em sua concepção da história o papel dos sujeitos materiais e a importância da iniciativa desses sujeitos na transformação revolucionária da sociedade. Compreende-se que tenha enfatizado o fortalecimento da consciência de classe entre os trabalhadores, esforçando-se para que estes se unissem em uma comunidade (o partido) capaz de lhes trazer o prenúncio da comunidade humana universal (o comunismo). Tais ideias contribuíram para evitar que as derrotas, as ondas de desânimo e de resignação reduzissem a classe operária à passividade.

Ao mesmo tempo, contudo, na medida em que idealiza sua representação da comunidade humana, atribuindo-lhe forçadamente uma aura de universalidade e ignorando suas particularidades, essa linha de pensamento, que vem de Hegel e é retomada por Marx, pode ser utilizada para estimular procedimentos fanáticos.

Esses procedimentos são em geral pouco sérios, ou mesmo cômicos, como é o caso da adesão das torcidas a times de futebol ou escolas de samba. Não é o entusiasmo dos torcedores que constitui em si o problema digno de ser questionado, e sim o fato de alguns deles fazerem de suas opções elementos de identidade.

Mais grave, certamente, é o caso do sujeito que cultiva preconceitos xenófobos, hostiliza os estrangeiros, em nome de um "patriotismo" proclamado com veemência, porém comprometido com uma comunidade nacional vibrante e oca.

Na impossibilidade de me transferir integralmente para o gênero humano, observo-o em sua magnífica universalidade. Cabe-me levá-lo sempre em consideração, aprendendo com ele e tentando ampliar o espaço de meus saberes tão limitados. Sei, contudo, que, para mim, melhor do que procurar consolo para minha drástica finitude, é assumir francamente a dimensão trágica da visão do mundo que Marx se recusa a adotar.

Uma visão trágica do mundo, na linha de pensamento de Hegel e Marx, seria insuficiente para mobilizar a massa dos trabalhadores. Proporcionar-lhes indicações a respeito da caminhada em direção ao poder será sempre aos olhos deles "fazer música para seus ouvidos". Mais do que qualquer outro discurso, essa argumentação "politizada" é aquela que eles querem ouvir.

Em todo caso, sabemos que nem tudo que o proletariado quer escutar lhe faz bem; e sabemos que algumas coisas que não quer ouvir podem lhe trazer benefícios importantes.

Não é casual que um filósofo tcheco, Karel Kosík (1936-2003), movendo-se na esteira de Marx, tenha escrito um ensaio intitulado "O século de Grete Samsa"*, no qual discorre sobre o século XX e faz observações extremamente instigantes sobre a ficção literária de Franz Kafka (1883-1924) (a Grete Samsa do título do ensaio é a irmã de Gregor Samsa, aquele indivíduo que, depois de uma noite maldormida, acordou em sua cama transformado num imenso inseto).

Kosik acusa a ideologia dominante do século XX de ter encampado e difundido critérios comprometidos com a desvalorização do trágico. Segundo ele, a genialidade de Kafka estaria em sua capacidade de explorar o caminho esteticamente mais fecundo na representação dos problemas contemporâneos: o grotesco.

A recuperação da dimensão trágica nas condições em que existimos ampliaria nossos horizontes e contribuiria para os marxistas superarem esquematizações simplificadoras e representações artificialmente "suavizadoras" da realidade.

---

* *O século de Grete Samsa: sobre a possibilidade ou a impossibilidade do Trágico no nosso tempo* (Rio de Janeiro, Instituto de Letras da UERJ, 1995 – Coleção A Teoria Prática Ajuda). (N. E.)

MARX NA HISTÓRIA E A HISTÓRIA EM MARX

Segundo informação veiculada por sua filha Eleanor, Karl foi influenciado por seu sogro, o barão Ludwig von Westphalen (1770-1842). Karl passou da admiração que nutria por Voltaire (1694-1778) e Jean-Baptiste Racine (1639--1699) para a verdadeira devoção por Homero e William Shakespeare (1564--1616). Eleanor fala dessa modificação na perspectiva do pai como uma manifestação de "entusiasmo pela escola romântica"[1].

É possível, sem dúvida, discutir sobre o romantismo em Marx; o exemplo, contudo, não foi bem escolhido. Homero e Shakespeare, para Marx, não eram expressões do romantismo. Esse tipo de mal-entendido se encontra no ensaio que David McLellan (1940) escreveu para a *História do marxismo*, organizada por Eric Hobsbawm (1917), e cujo primeiro volume saiu no Brasil em 1979[2].

Diversos críticos, com bons argumentos, enxergaram algum romantismo na teoria hegeliana das contradições. Com essa teoria, o filósofo dava conta de seus conflitos pessoais, internos e externos (conciliando posições de direita com uma metodologia de esquerda), mas também dava conta de sua atitude crítica e, simultaneamente, conservadora. As contradições constituíam a verdadeira chave que abria a discussão fecunda sobre os problemas do mestre e da época.

Quando Marx chegou a Berlim, em 1836, tinha 18 anos. Hegel tinha morrido havia quatro anos, por isso o jovem estudante não teve oportunidade de conhecê-lo pessoalmente. Entrou em contato, porém, com seus discípulos, chamados então de "hegelianos de esquerda"[3].

Bruno Bauer, um dos integrantes do grupo, chegou a ser considerado por Marx um "modelo". Seguindo seu exemplo, Marx fez doutorado para se tornar

---

[1] Yvonne Kapp, *Eleanor: Chronique familiale des Marx* (Paris, Éditions Sociales, 1980).
[2] Eric Hobsbawm, *História do marxismo* (Rio de Janeiro, Paz e Terra, 1979), v. 1.
[3] Francis Wheen, *Karl Marx* (Rio de Janeiro, Record, 2001).

professor universitário. Aprovado na tese, nem por isso conseguiu a cátedra ambicionada. A situação política tinha piorado e, ao invés de Marx entrar, foi Bauer quem saiu da universidade.

Inicialmente, Marx se aproximou de Ludwig Feuerbach. Se deixou fascinar pela melodia "pedregosa" do pensamento hegeliano, porém logo se decepcionou com o grupo. Afastou-se então de Bruno Bauer, Edgar Bauer, Karl Gruen (1817-1877), Max Stirner (1806-1856), Szeliga (1816-1900) e Feuerbach. Desse período, a única amizade que Marx preservou foi com Engels.

Marx conheceu Engels em Colônia. Engels era filho de um industrial rico, que tentava fazer do filho o que lhe dava acesso aos recursos paternos. Os dois amigos, jovens socialistas, desistiram de fazer carreira universitária. Marx tornou-se jornalista e escreveu trabalhos nos quais antecipava ideias que viria a desenvolver em seguida. Entre os textos elaborados por ele nesse período estão *Crítica da filosofia do direito de Hegel*, *Sobre a questão judaica** e um escrito que não pretendia ser publicado e, posteriormente, foi reconhecido como precursor de ideias geniais: os *Manuscritos econômico-filosóficos* de 1844. Durante cerca de seis anos, Marx havia sido um hegeliano convicto, porém agora reformulava suas posições. Com o apoio de Engels, escreveu artigos que batiam duro nos ex-aliados de Berlim.

Em 1843-1844, sempre com o apoio de Engels, começou a elaborar uma concepção do Homem e uma concepção da História. Sua visão da condição humana levava-o a acreditar que os homens, contraditoriamente, promoviam a dominação crescente da natureza, tomavam iniciativas oportunistas e mal-orientadas e prejudicavam o sentimento de paridade entre indivíduos e comunidades. O sujeito dominava o objeto, mas o objeto vingava-se dele, destruindo as bases de sua autonomia.

Os hegelianos, ditos de "esquerda", só mereceram essa caracterização no campo da religião. Para eles, os indivíduos tinham acesso à liberdade quando se transformavam em autoconsciências e essas autoconsciências substituíam os indivíduos reais, de carne e osso.

---

* São Paulo, Boitempo, 2010. (N. E.)

Os hegelianos cometem um erro que não está na constatação da cisão interna da sociedade burguesa, mas no fato de, tendo enxergado um problema, conformarem-se com ele em vez de buscar uma solução. Eles querem ser livres, mas não assumem resolutamente esse querer. Seu dilema é o do bandido François Vidocq (1775-1857): "Ou você é carcereiro ou é encarcerado"[4]. Marx, admirador de Honoré de Balzac (1799-1850), leu os dois romances nos quais Vidocq aparece como personagem: *O pai Goriot* e *Ilusões perdidas*.

Juntos, Marx e Engels escreveram alguns livros: *A sagrada família**, que era o nome que designava debochadamente o grupo berlinense autonomeado "críticos críticos". *A ideologia alemã* – continuava a bater nos "críticos críticos" e na esperteza com que os membros do grupo usavam conceitos importantes, porém mal-empregados, como "novo" e "velho", pois estava trabalhando seriamente com esses conceitos e os berlinenses manipulavam-nos sem qualquer rigor.

Para Marx, na História, era preciso ir às últimas consequências no exame do condicionamento dos sujeitos pelo objeto, mas ele também não abria mão da presença ativa do sujeito na transformação do objeto. "O mais profundo no pensamento de Hegel", escreveu Marx, "está no fato de que ele percebe a cisão da sociedade política burguesa como uma contradição; o equívoco está no fato de que ele se contenta com a aparência de uma solução para o problema"[5].

Na ocasião da publicação de *A sagrada família*, Marx ficou irritado com vários aspectos maliciosos da reação dos "críticos críticos" ao livro. Também não gostou de alguns excessos nos textos dos hegelianos que faziam certa "humanização" de conceitos gerais. Acusou Bruno Bauer de falar da Verdade como um *automaton* (hoje, ele diria "robô"). A lógica da propriedade privada convergia com a da alienação. "A propriedade privada aliena não só a individualidade dos seres humanos, mas também a das coisas", dizia Marx[6].

---

[4] Balzac inspirou-se em Vidocq para criar seu personagem Vautrin, que também era bandido – e tão talentoso que o romancista não conseguia fazê-lo fracassar; por isso, encaminhou-o para ser absorvido pela polícia, ocupando, como seu modelo, um alto cargo no aparelho de repressão.
* São Paulo, Boitempo, 2003. (N. E.)
[5] Karl Marx e Friedrich Engels, *Werke*, cit., v. 1, p. 279.
[6] Ibidem, v. 2, p. 212.

Marx sustentava que o trabalhador explorado e submetido à pressão da mais-valia era uma chave para compreender o papel da alienação, interferindo nas atividades humanas e na construção do conhecimento. A sociedade não elimina a cooperação, porém seu caráter hipercompetitivo torna difícil convergir e completar-se na convergência. Divisão social do trabalho e propriedade privada "são expressões idênticas", de acordo com Marx[7].

As tensões internas na sociedade agravam a alienação, na medida em que incorporam o Estado às condições em que as pessoas vivem. O Estado, segundo Marx, é uma "comunidade ilusória"[8]: ele manipula as pessoas e lhes proporciona sucedâneos de encontros humanos e ações conjuntas de sentido libertário. A alienação torna-se mais aguda, e aquilo que os seres humanos criam, em vez de ser dominado por eles, ergue-se como um poder estranho no caminho de seus criadores.

Na luta para vencer as unilateralidades decorrentes da alienação, é preciso enxergar o todo. Marx critica o ensino separado das disciplinas que nos proporcionam contato com aspectos vivos da realidade, mas mantendo-os isolados uns dos outros. Quando se estuda geografia, economia, política, direito, religião ou história, tropeça-se inevitavelmente na necessidade de compreender as articulações desses diversos campos, uns com os outros[9].

A alienação é um dos conceitos fundamentais da filosofia de Marx. Consta de *A ideologia alemã*, que só veio a ser publicada em 1932. Embora Engels tenha publicado ainda no fim do século XIX as "Teses sobre Feuerbach" como apêndice de seu livro *Ludwig Feuerbach e o fim da filosofia clássica alemã**, não é surpreendente que grande número de "marxistas", ao longo do século XX, tenha tido dificuldade de conhecer a alienação. Com a demora na publicação de *A ideologia alemã* e dos *Manuscritos de 1844*, Marx ficou sujeito a julgamentos teóricos arbitrários e precipitados.

Na representação usual da História, é frequente que apareçam explicações de conflitos baseadas na ideia de que grupos humanos "tomaram" coisas uns

---

[7] Ibidem, v. 3, p. 32.
[8] Ibidem, v. 3, p. 34.
[9] Ibidem, v. 3, p. 569.
* 3. ed., Lisboa, Estampa, 1975. (N. E.)

dos outros. Os bárbaros, por exemplo, "tomaram" o Império Romano. Marx se diverte com essa interpretação e pergunta se, esgotadas as coisas "tomáveis", não seria necessário que se começasse a produzir outras.

Na perspectiva de Marx, de fato, a História tem sido o processo de modificação nas condições de trabalho dos seres humanos. E, para fazer as mudanças que consideram necessárias, os seres humanos precisam pensar e agir historicamente.

Marx, com certeza, ultrapassava os limites da análise conjuntural e abria caminho para uma genuína história social, isto é, para o exame aprofundado da transformação estrutural das sociedades. O historiador Fernand Braudel (1902--1985) reconheceu que Marx foi pioneiro na análise crítica da "longa duração" e criou novos parâmetros para a compreensão dos movimentos mais lentos que também compõem decisivamente o processo histórico. Braudel admitiu: "O gênio de Marx, o segredo de seu poder prolongado, está em que ele foi o primeiro a fabricar verdadeiros modelos sociais, a partir da longa duração histórica"[10].

Entre as instituições que necessitavam de estudos adequados ao desafio da "longa duração" incluía-se o cristianismo. Quando jovem, Marx escreveu sobre os cristãos, criticando-os duramente por suas posições políticas reacionárias, porém esforçando-se para pensá-los tanto no plano de suas convicções imediatas como no do projeto adotado havia tantos séculos.

O pai de Marx era judeu; contudo, para escapar do risco de perseguições (os *pogroms* antissemitas não eram raros na região), converteu-se ao cristianismo. Embora a conversão fosse mais pragmática que sincera, o menino Karl teve de estudar a doutrina cristã.

O jovem Marx escreveu (e a frase ficou famosa): "A religião é o ópio do povo"*. Escreveu também que ela era o suspiro da criatura esmagada num universo espiritual sem espírito; era a consciência e o sentimento do homem que "ainda não se encontrou ou então já tornou a se perder"; era o coração de um mundo sem coração. Mas essas imagens não tiveram a mesma recepção da primeira. Em sua maioria, os intelectuais socialistas eram contrários à reli-

---

[10] Fernand Braudel, *Écrits sur l'histoire* (Paris, Flammarion, 1969), p. 81.

* "Crítica da filosofia do direito de Hegel – Introdução", em Karl Marx, *Crítica da filosofia do direito de Hegel*, cit., p. 145.

gião, especialmente ao cristianismo. Em alguns casos, manifestavam tendências intolerantes. Em Marx, isso não acontecia. Ele estava convencido de que, enquanto correspondesse a uma necessidade histórica que sensibilizava os crentes, a crença não desapareceria. Por isso, a propaganda contra a religião era inútil e resultava em confusão[11].

Nas condições históricas da segunda metade do século XIX, a Igreja se mobilizava no âmbito do movimento operário, disputando a hegemonia com os socialistas. Marx se impacientava com essa tentativa de conquista da hegemonia. Escreveu, então, um artigo que continha elementos de uma polêmica áspera com os cristãos: "Os princípios sociais do cristianismo pregam a covardia, o autodesprezo, a auto-humilhação, a submissão, a falta de fibra, em suma, todas as qualidades da corja". E ainda: "Os princípios sociais do cristianismo são solertes e o proletariado é revolucionário"[12]. Quando se pensa no que foram os pontificados de Gregório XVI (1502-1585) e Pio IX (1792-1878), compreende-se facilmente a exaltação do pensador socialista.

Em *O capital*, lê-se: "O reflexo religioso do mundo real só pode desaparecer quando as condições das atividades práticas cotidianas dos homens manifestarem no dia a dia relações transparentes e racionais entre os seres humanos e deles com a natureza"[13].

Para Marx, a opção por desdobramentos futuros da intervenção humana nas mudanças sociais é um elemento essencial da relação entre o ser humano e a história propriamente dita. É o movimento da história que permite ao homem enxergar as contradições, descrevê-las, inserir-se nelas e também empenhar-se em superá-las. Do contrário, o homem permaneceria contemplativo, sem atuação própria, acumpliciado com os interesses conservadores. Por isso, o compromisso com a luta pelo comunismo é uma parte decisiva do pensamento de Marx.

No entanto, o conceito de comunismo traz para o estudo da obra de Marx toda uma série de complicações ligadas às tendências "socialistas libertárias" (que é como os anarquistas se chamavam)[14]. Para Marx, o comunismo seria a

---

[11] Karl Marx e Friedrich Engels, *Werke,* cit., v. 1, p. 378.
[12] Ibidem, v. 4, p. 200.
[13] Ibidem, v. 23, p. 4.
[14] Os anarquistas falavam de si mesmos como "socialistas libertários", referindo-se ao pensamento de Marx como expressão de um "socialismo autoritário".

sociedade sem Estado, portanto sem polícia. Nela, afinal, desapareceriam as desigualdades sexuais que permitem a exploração das mulheres pelos homens. Nela, a cidade e o campo seriam harmônicos, complementares. Desapareceriam as fronteiras.

No comunismo, o sujeito poderia ser pintor de manhã, cientista na hora do almoço, bailarino à tardinha e filósofo à noite. Essa imagem, tão animadora, foi saudada pelos anarquistas. Marx e Engels, porém, advertiram que isso não viria com suavidade e fluência: dependeria de uma longa história, que não oferecia garantias.

A concepção da história elaborada por Marx passou no teste decisivo, que foi sua aplicação ao tempo presente. Dois livros, *As lutas de classes na França de 1848 a 1850* e *O 18 de brumário de Luís Bonaparte*, analisam as condições em que surgiu o fenômeno do bonapartismo, mostram como cada grupo se dispunha a tomar o poder e como diversas classes sociais distintas se impuseram um desgaste considerável no conflito entre elas.

Assim, dois partidos cristãos (orleanistas e legitimistas), um partido burguês, um partido de banqueiros e um partido do lumpemproletariado (incluindo gigolôs e prostitutas) prepararam para um aventureiro ridículo (Napoleão III) as condições em que ele pôde assumir o poder com amplo apoio da sociedade, tal como ela se encontrava naquele momento. Os socialistas, que também estavam mergulhados na confusão, ficaram perplexos. E um liberal, o escritor Victor Hugo (1802-1885), ficou tão furioso contra Luiz Bonaparte que, como observou Marx, atribuindo ao ditador caráter demoníaco, acabou por favorecer a reputação imerecida de perspicácia e inteligência que Napoleão III queria cultivar.

Marx e Engels tinham respeito e apreço por alguns de seus precursores. Inicialmente, Marx manifestou simpatia por Proudhon. Disse que lhe deu algumas aulas sobre dialética. Proudhon replicou, publicando um livro no qual divergia de Marx em vários pontos. Marx se aborreceu com ele e redigiu às pressas e em francês (para ser lido pelo mesmo público que havia lido *Filosofia da miséria**, título da obra de Proudhon) *A miséria da filosofia***.

---

* São Paulo, Ícone, 2003. (N. E.)
** São Paulo, Centauro, 2003. (N. E.)

A posição teórica de Proudhon que teve maior repercussão foi a tese de que "a propriedade é um roubo". Quando Proudhon morreu, em 1865, Marx replicou-a com o argumento de que só se podia pensar o roubo quando a propriedade já existia. Curiosamente, em alguns círculos, a tese de Proudhon foi atribuída a Marx.

Com Feuerbach, as relações de Marx foram mais complicadas. Feuerbach era um filósofo mais importante que os demais da chamada "esquerda hegeliana". Ideias dele, contudo, desempenharam papel extremamente importante no pensamento de Marx. Feuerbach ajudou-o, no início, a se debruçar com maior atenção sobre a subjetividade humana e a se perguntar em que e de que forma os homens, seres subjetivos e condicionados pela realidade objetiva, podiam ser concretamente livres.

Depois de sua estimulante posição inicial, Feuerbach se retraiu e passou a defender um ponto de vista vacilante, que lhe valeu a crítica que Marx lhe faz na tese I das duas páginas "ad Feuerbach".

A principal divergência filosófica entre Marx e Feuerbach estava na posição diferente que cada um dos dois assumiu em face da questão do alcance da materialidade do sujeito humano. Feuerbach achava que o sujeito e seu corpo eram regidos pelas mesmas leis implacáveis que regem o mundo. Embora possa haver uma grande diversidade de sentimentos num mesmo indivíduo, as conclusões podem legitimamente classificar os sentimentos em uma das duas tendências que aparentavam nos guiar: tudo é casual, tudo é livre-arbítrio. Ou, então, tudo está prescrito e tudo obedece ao destino (*maktub*)[15].

Os socialistas que apareceram após a derrota dos jacobinos na Revolução Francesa assumiram posições filosóficas e políticas bastante diversas. Graco Babeuf (1760-1797), decepcionado com o movimento revolucionário, sustentava que outras cabeças deveriam ter sido decepadas pela guilhotina. Robert Owen (1771-1858), inglês, achava possível uma saída positiva e relativamente pacífica para os problemas derivados da desigualdade, e que os cientistas poderiam abordar onde a revolução falhara. Henri de Saint-Simon (1760-1825), francês, organizava os recém-convertidos cristãos para cobrarem reformas administrati-

---

[15] *Maktub* é uma palavra de origem árabe que designa o fatalismo, uma forma extremada de determinismo. Quando algo acontece, é porque já estava programado no Além.

vas modernizadoras. E Charles Fourier (1772-1837), também francês, desiludido com a Revolução Francesa, passou a concentrar suas esperanças na construção de um falanstério, um prédio no qual um grupo pioneiro mostraria à humanidade que a vida podia ser melhor e a sociedade podia ser mais justa[16].

Marx assumia um ponto de vista bastante sutil: por um lado, reiterava sua condição de revolucionário; por outro, procurava conduzir os radicais à flexibilidade e ao realismo das negociações imprescindíveis na ação política. Essa combinação era difícil de ser mantida. Mesmo divergindo de Fourier, Engels o apreciava muito por sua criatividade e chegou a dizer que o pensador francês era tão forte na dialética quanto Hegel.

A perspectiva de Marx era visceralmente hostil a algumas cabeças quentes da política de seu tempo. Em alguns casos, realmente se encolerizava. Irritou-se muito com as posições de Wilhelm Weitling (1808-1871), que, como agitador socialista, preconizava a libertação de todos os presos que estavam cumprindo pena nas penitenciárias, alegando que passariam espontaneamente da condição de criminosos à de genuínos revolucionários. O advogado Ferdinand Lassalle (1825-1864), que pregava reformas moderadas, caracterizava a situação histórica da Europa como o confronto entre a classe operária e todas as outras classes, que constituíam uma massa reacionária mobilizada contra os trabalhadores. Marx também se aborreceu com essa visão paranoica.

Em meio a tantas desavenças, não deixa de ser historicamente significativo que Marx tenha mantido sempre uma atitude de admiração e respeito por Auguste Blanqui (1805-1881), o revolucionário francês que passou a maior parte da vida na cadeia. Blanqui foi precursor da teoria do partido tido como partido revolucionário centralizado, no estilo leninista, que viria a ser elaborada no século XX.

Engels, falando certa vez por ele e sempre implicitamente por Marx, entrou em polêmica com críticos que se identificavam com os princípios do socialismo libertário e da crítica ao autoritarismo; disse-lhes que estavam atribuindo importância excessiva à questão da autoridade. E acrescentou que uma revolução é a coisa mais autoritária que existe!

---

[16] Fourier procurou esclarecer todos os elementos constitutivos do falanstério, pois acreditava que o projeto era essencial para a reanimação do socialismo, já que o fracasso da Revolução Francesa teria desmoralizado o caminho revolucionário.

Num tom irritado e melancólico, Bruno Bauer despediu-se de Marx. Além das inseguranças do exilado, Marx nem sempre tinha dinheiro para a alimentação da família. A solidão de se ver rejeitado pela sociedade em que vivia era penosa. Numa crise financeira, o casal Marx resolveu vender objetos que pudessem lhe trazer algum dinheiro; levou para a casa de penhores um presente caro que a esposa havia recebido da família, um serviço de louça de jantar. O funcionário do local achou Marx "suspeito" e denunciou-o à polícia. Ficou preso até o dia seguinte, quando Jenny localizou-o e libertou-o.

Marx não queria entrar em conflito com a Inglaterra, país onde viveu mais de metade da vida. O Estado inglês, no entanto, colocou-o sob vigilância e mandou segui-lo. Um inspetor encarregado de espioná-lo fez um relatório que muitos anos depois foi publicado. O agente policial fez menção ao ambiente cordial da casa, à cultura do homem de ciência e ao excesso de fumaça de cigarros. O relatório deixa transparecer certa admiração do policial ignorante pelo intelectual[17].

Essa qualidade de teórico, detentor de saberes obscuros, põe-nos em contato com um par de categorias utilizado por Marx em seu trabalho: a base e a superestrutura. Alguns críticos sugerem que esse conceito em duplicata é mais uma imagem que uma ideia desenvolvida. Marx se preocupava com o que se passava no campo da cultura. A superestrutura deveria contribuir para manter as criações culturais em ligação forte com a base (a estrutura econômica). Contudo, a criação cultural não podia se deixar atrelar aos movimentos da economia política.

Um esquema mecanicista de interpretação recíproca da base e da superestrutura mostrava cotidianamente ao filósofo que o maior prejuízo acarretado ao movimento socialista pela ligação demasiado estreita entre os dois polos era o desperdício no uso de instrumentos dialéticos para esclarecer o que se passava historicamente.

Marx insistia em explicar sua concepção da história:

Na produção social de sua vida, os homens contraem determinadas relações necessárias e independentes de sua vontade, relações de produção, que correspondem a

---

[17] Yvonne Kapp, *Eleanor...*, cit.

determinada fase de desenvolvimento de suas forças produtivas materiais. O conjunto dessas relações de produção forma a estrutura econômica da sociedade, a base real sobre a qual se eleva a superestrutura jurídica e política, e à qual correspondem determinadas formas de consciência social. O modo de produção da vida material condiciona o processo da vida social, política e espiritual, em geral.[18]

Esse é um trecho do prefácio de 1859 à *Para a crítica da economia política*, livro que antecipava alguns temas e ideias de *O capital*. E Marx ainda prosseguia:

Não é a consciência do homem que determina o seu ser, mas, ao contrário, o seu ser social é que determina a sua consciência. Ao chegar a uma determinada fase de desenvolvimento, as forças produtivas materiais da sociedade se chocam com as relações de produção existentes, ou, o que não é senão a sua expressão jurídica, com as relações de propriedade dentro das quais se desenvolveram até ali. De formas de desenvolvimento das forças produtivas, essas relações se convertem em obstáculos a elas. Abre-se, assim, uma época de revolução social. Ao mudar a base econômica, revoluciona-se, mais ou menos rapidamente, toda a imensa superestrutura erigida sobre ela.[19]

Em conclusão, um conselho aos historiadores: "A anatomia da sociedade civil precisa ser procurada na economia política".

Como todos os pensadores engajados, Marx se esforçava por incorporar à expressão de suas convicções elementos de símbolos que ajudassem o pensamento a absorver tanto a teoria abstrata como a experiência sensível concreta das pessoas capazes de construir um legítimo movimento de massas. No entanto, advertia contra infiltrações nostálgicas e escrevia: "A revolução do século XIX deixou que os mortos enterrassem seus mortos"[20].

Mesmo se libertando das ilusões da nostalgia, a elaboração de símbolos se defrontava com a necessidade de recriar movimentos subjetivos ligados a impasses e conflitos decorrentes da modernização do cotidiano nas construções e nas grandes mudanças na sensibilidade das pessoas no final do século XIX.

Com a agitação de 1848, apareceram, no meio dos proletários inquietos, jovens que não tinham experiência, porém protestavam. Marx, apontado co-

---

[18] Karl Marx, *Para a crítica da economia política* (São Paulo, Abril Cultural, 1965, Os Pensadores).
[19] Idem.
[20] Idem.

mo chefe de um partido, não se reconhecia nas ideias que lhe eram atribuídas, sobretudo não concordava com a acusação de convocar demagogicamente os trabalhadores. Dizia:

> Vocês têm pela frente quinze, vinte, cinquenta anos de guerras civis e lutas populares, não só para modificar as atuais condições de trabalho, mas também para transformar sua própria pessoa e se capacitar para o exercício do poder político. Vocês declaram: "precisamos tomar o poder imediatamente", ou então vamos para casa dormir.[21]

Revolução não se improvisa. Marx era um revolucionário que tinha plena consciência das dificuldades existentes num processo de preparação para a revolução. Mesmo assim, quando discutiu com outros socialistas, cobraram dele que fosse mais preciso na caracterização da sociedade do futuro. A revista *Positivista* foi a que lhe fez críticas mais acerbas. Marx respondeu recusando a proposta ambiciosa de preparar receitas para os caldeirões do futuro[22].

Prever o futuro, como Marx sabia, é sempre uma aventura delirante. Apesar de se recusar a ela, sentia-se solitário nessa recusa, já que entre os revolucionários, tanto como entre os reformistas, eram frequentes os casos em que se cedia à tentação.

O que o filósofo revolucionário podia fazer – e fez – era elaborar uma teoria coerente e consistente, capaz de apoiar a ação sem se enfeudar nela, e procurando preservar seu poder de criticá-la.

O conceito de práxis mostrou ser realmente imprescindível na articulação da teoria com a prática, abarcando tanto a criatividade da ação humana quanto a força da realidade objetiva. O ponto de partida era a prática, mas não a prática em geral, como se lê nos filósofos que representam o pragmatismo. A prática essencial é aquela que articula as pessoas e a sociedade. Para corrigir as distorções da ideologia, é necessário o aprofundamento decisivo da práxis[23].

Os seres humanos que pretendem superar a unilateralidade e as limitações da ideologia são desafiados a combater a alienação. A História, tal como é feita por nós, é o campo de batalha por excelência do confronto entre a liberdade e a necessidade.

---

[21] Karl Marx e Friedrich Engels, *Werke*, cit., v. 8, p. 412.
[22] Ibidem, v. 23, p. 25.
[23] Ibidem, v. 8, p. 42.

O capital, o livro mais ambicioso de Marx, não esgotava seu projeto revolucionário; era apenas a batalha preliminar que indicava por quais caminhos a classe dos trabalhadores deveria avançar para destruir as bases do sistema criado pela burguesia, o modo de produção capitalista.

O franco reconhecimento de que os fatos e os movimentos históricos não cabiam na rígida ordem constituída pela chamada razão não significava uma capitulação diante do irracionalismo, já que, por uma questão de método, o não racional poderia sempre vir a ser superado e absorvido por uma nova razão. E esta não podia se fechar diante do aparentemente irracional. Como Marx escreveu a Ludwig Kugelmann (1828-1902), "a história teria uma natureza muito mística se os acasos não desempenhassem nela nenhum papel"[24].

A mistura dos valores da vida pública e da vida privada aumentava as dificuldades. Mesmo uma personalidade fortíssima como Marx às vezes tropeçava nas armadilhas da ideologia. Os estudantes gostam de ouvir o relato da atitude intolerante de Marx em face do surgimento da relação amorosa de Laura, sua filha, com Paul Lafargue[25].

Marx mandou uma carta para o candidato a genro, advertindo-o de que devia assumir um ar "modesto e mesmo tímido" na presença de sua amada, um comportamento compatível com o meridiano de Londres. Dizia-lhe que não invocasse seu "temperamento *créole*" e evitasse demonstrações de "uma familiaridade precoce". Reclamava por não ter recebido informações a respeito da família do jovem e deixava transparecer francamente sua irritação com o fato de Lafargue, como estudante, ainda não ter se explicado a respeito de suas economias.

Marx, exilado na Inglaterra, sem dinheiro (sustentado pelo amigo Engels), conseguia a duras penas evitar delírios otimistas. Houve um momento, porém, em que se entregou ao entusiasmo de seus companheiros e, numa carta a Engels, datada de 8 de outubro de 1858, previu: "No continente, a revolução é iminente e logo assumirá um caráter socialista"[26]. Era, contudo, uma previsão equivocada.

---

[24] Ibidem, v. 33, p. 209.
[25] Yvonne Kapp, *Eleanor...*, cit.
[26] Karl Marx e Friedrich Engels, *Carteggio* (Roma, Rinascita, 1951).

Quando sua mulher morreu, Marx saiu pela primeira vez da Europa e foi à Argélia, onde passou poucos dias. De volta à Inglaterra, passou por Paris, onde discutiu com seus dois genros. Achou que ambos divergiam dele, que Lafargue era "o último bakuninista" e Pierre Longuet (1839-1903) era "o último lassaliano". Marx se aborreceu com ambos, sobretudo porque se declaravam "marxistas". Foi então que, em outra carta a Engels, escrita em 11 de novembro de 1882, o filósofo disse: "O que sei é que não sou marxista"[27].

A partir de certo ponto, Marx começa a usufruir do merecido prestígio que lhe valia a dedicação de tantos anos ao socialismo. Sua relação com os dirigentes de outras tendências não era fácil. Os saint-simonianos consideravam os marxistas expressões de ideias rudes. Os fourieristas muitas vezes viam-nos como sabotadores do falanstério. Os owenistas ingleses consideravam-nos metafísicos. A relação com os teóricos não era isenta de problemas, porém a relação prática com os outros grupos políticos e seus dirigentes era ainda mais complicada.

Até mesmo o prestígio conquistado e o aparecimento de movimentos de adesão a suas ideias provocavam aumento e radicalização das críticas que lhe eram feitas. Os anarquistas, em especial, tinham enormes desconfianças a respeito da metodologia dos marxistas e faziam política em constante conflito com os socialistas influenciados por Marx. Já o líder dos "socialistas libertários", Bakunin, oscilou entre a admiração e o ódio por Marx.

Sem interromper os estudos preparatórios para *O capital*, e continuando a escrever artigos para jornais, Marx mantinha intensa atividade política em torno da criação da Associação Internacional dos Trabalhadores, que viria a ser chamada de "Primeira Internacional"[28].

A Primeira Internacional durou até 1872. Seus dirigentes, entre eles Marx, chegaram a pensar em transferi-la para os Estados Unidos. Marx tinha uma enorme admiração por Abraham Lincoln (1809-1865). Não adiantaria nada, a Internacional estava perdida. As novas condições sociais, econômicas e culturais não lhe davam espaço para atuar na Europa, sob a onda de repressão que

---

[27] Idem, *Werke*, cit., v. 22, p. 69.
[28] Franco Andreucci, "A difusão e a vulgarização do marxismo", em Eric Hobsbawm (org.), *História do marxismo*, cit., v. 2, p. 15-73.

se seguiu à derrota da Comuna de Paris, em 1871. No fim do século XIX, a situação já estava mudando. E uma nova organização substituiu, com vantagem, a Primeira pela Segunda Internacional, fundada em 1892.

Marx não a viu, porque morreu em 1883. Engels ainda estava vivo e teve participação destacada no evento. Os anarquistas se mobilizaram contra o filósofo, atribuindo-lhe a responsabilidade pela exclusão dos "libertários" da Primeira Internacional e agora também da Segunda[29].

Nas condições do fim do século XIX, a chamada *belle époque*, criaram-se os primeiros partidos de massa da história política do Ocidente e foi conquistado, entre seus pontos decisivos, o sufrágio universal, que abria espaço para um movimento de massas fortalecido.

As contradições sociais e as lutas de classe se tornaram mais sofisticadas e complexas, mas não desapareceram. As batalhas da cultura ganharam uma importância maior que a obtida no passado. A chamada "indústria cultural", que tratava os bens da cultura como quaisquer outras mercadorias, começou a ganhar muito dinheiro com a produção editorial e farejou os lucros monumentais que desejava faturar com o cinema, sendo inventado então.

Os adversários políticos fustigavam Marx constantemente e ele retrucava com fúria. Nas cartas que escrevia para Engels, apareciam sempre expressões drásticas, adjetivos irritadíssimos. Referindo-se a Giuseppe Garibaldi (1807-1882), o herói italiano, classificou-o de "asno"; Mikhail Bakunin (1814-1876) foi descrito como "uma massa monstruosa de carne e banha"; e Karl Liebknecht (1871-1919), que era um amigo fiel e dedicado, empenhado em fazer em Berlim o que achava que Marx e Engels queriam, foi chamado de "bufão" e "imbecil"[30].

Pouco antes de morrer, já doente, Marx escreveu a Engels uma carta, datada de 10 de outubro de 1882, em que fala mal do genro, fazendo uma referência infeliz e surpreendentemente preconceituosa ao bravo Lafargue: "[...] o método dele com sua feia ascendência negra o faz perder o senso de pudor e resvalar no ridículo"[31].

---

[29] Idem.

[30] Karl Marx e Friedrich Engels, *Carteggio*, cit.

[31] Idem. Paul Lafargue fez grande sucesso com o livro *O direito à preguiça* (2. ed., São Paulo, Hucitec/ Unesp, 2000).

O fato de nos defrontarmos com os excessos e explosões de raiva da correspondência não significa que os talentos e méritos de Marx estejam sendo negados. Através de toda a sua trajetória de lutas pela igualdade e pela liberdade, Marx se tornou uma figura cuja grandeza dificilmente poderia ser negada.

Embora não tenha escrito nenhum ensaio sobre problemas específicos da cultura, Karl tinha uma formação cultural extremamente sofisticada. Aproveitou muito bem a escola em Trier e a temporada em Berlim. Sua cultura literária era impressionante. Imagino qual pode ter sido sua emoção ao ler a *Odisseia* de Homero[32]. Podemos imaginá-lo diante da cena em que o grego Ulisses, na direção de seu navio, vê aproximar-se a zona em que as sereias, com seu canto, atraíam os homens, enlouqueciam-nos e faziam-nos morrer.

Ulisses, que não admitia ser excluído de nada, resolveu tornar-se o único mortal a ouvir o canto das sereias e não morrer. Mandou que seus marinheiros amarrassem-no firmemente ao mastro da embarcação e tapassem os próprios ouvidos com cera. Recomendou, além disso, que, acontecesse o que acontecesse, por mais que esbravejasse, não o desamarrassem.

Marx, ao longo de sua caminhada, identificou-se bastante com o Odisseu. Talvez possamos sublinhar e até desenvolver essa identificação observando que Ulisses precisou lutar em Troia durante dez anos e, na volta para casa, em sua navegação até Ítaca, levou outros dez anos, porque caiu em desgraça em face de um deus, Posêidon, que era ninguém menos que o deus do mar. Desse modo, Ulisses podia ensinar a Marx como sobreviver a muitos naufrágios e continuar a participar da guerra pela liberdade e pela justiça.

Ainda há outro ponto de contato entre o Ulisses de Homero e Karl Marx. Capturado com seus homens por um gigantesco ciclope, que lhe pergunta como ele se chama, o herói grego responde: "Ninguém". Depois, aproveitando o sono do inimigo, fura-lhe o único olho. O gigante informa a seus parceiros que "ninguém" era o responsável pela desgraça. Ulisses inseriu-se na história para poder vencer uma batalha desigual. A história permite até reviravoltas como essa.

---

[32] Paul Lafargue et al., *Souvenirs sur Marx et Engels* (Moscou, Éditions du Progrès, 1982).

MARX E A DIALÉTICA*

> Nunca conheci uma pessoa desprovida de senso
> de humor que tenha entendido a lógica de Hegel.
> *Bertolt Brecht*

Se formos verificar, constataremos que a dialética não tem boa reputação. Meu saudoso amigo José Guilherme Merquior (1941-1991), de cujo talento conservador todos nos beneficiávamos, já chamava a dialética de "dama de costumes fáceis". Nos últimos anos, ao que tudo indica, estão aumentando as dificuldades para os admiradores da "dama". Seus índices de aprovação no Ibope são pífios. O simples som de seu nome provoca tédio ou irritação, quando não riso.

Na Grécia, Heráclito (540 a.C.-470 a.C.), tido como seu pai criador, descreveu-a em fragmentos inesquecíveis, mas nunca a chamou pelo nome. Platão (428 a.C.-348 a.C.), que tinha alguma intimidade com ela, impôs-lhe um respeito especial nas relações com seu irmão, o diálogo. (Em tempo, "dialética" deriva do prefixo *dia*, que indica reciprocidade, e do verbo *legein* ou do substantivo *logos*, como no caso de "diálogo", significam razão).

Depois dos gregos, a dialética foi chutada para escanteio, teve suas dimensões reduzidas às de uma lógica menor. Sintomaticamente, começou a recuperar suas forças no Renascimento. Foi com o alemão Hegel, entretanto, que se deu seu retorno glorioso à arena dos gladiadores.

Hegel sustentava que, se todas as coisas e todos os seres são diferentes, singulares, é porque eles existem em movimento, transformando-se em algo que ainda não são e entrando em colisão com o outro. Já ouço o leitor perguntar: "Quem é esse outro?". E respondo: outro, em grego, era *alter*. Na medida em que dialogávamos, nós nos alterávamos, nos realizávamos na diferença.

Esse era o ponto de partida da dialética em Hegel. E em Marx? Como é que a "dama" entrava em cena?

---

* A primeira versão deste texto foi publicada em *Jornal do Brasil*, Rio de Janeiro, 12 set. 2009. (N. E.)

Com Hegel, Marx aprendeu que nas coisas essenciais, nas contradições decisivas, o conhecimento nunca era "neutro" ou meramente "pragmático". Os sujeitos humanos – ao se esforçarem para alcançar seus objetivos particulares, ao se empenharem em satisfazer seus desejos pessoais ou os anseios de sua classe ou de seu grupo – fazem história.

Marx extrai dessa conclusão, do fazer história, uma opção clara e consequente pelo fazer política. Precisamos da atividade até para pensar e agir: uma atividade capaz de refletir (*reflectere*, debruçar-se outra vez), de transformar a si mesma e se inventar. "Transformar o mundo e transformar a si mesmo", como queria Marx.

Ao entrar no campo da política, a "dama" triplicou imediatamente o número de seus desafetos. Atribuíram-lhe pecados muito feios. Começaram por acusá-la de devassidão, quer dizer, de relativismo. A tentativa de relativizar tudo resulta sempre em fracasso. O relativista é o sujeito que, ao declarar que tudo é relativo, destrói seu próprio pensamento: "Se tudo é relativo, o princípio de que tudo é relativo também é relativo".

Depois, disseram que ela forçava a modificação de todos os contatos humanos, das convergências e até dos encontros amorosos em contradições. Aconselharam-na a deter-se na observação generosa dos afetos, das amizades e das colaborações desinteressadas. Um jovem ex-comunista sugeriu que esquecêssemos a utopia, fizéssemos algo positivo no presente. Com prudência e modéstia. A "dama" respondeu que as relações humanas, por serem entre indivíduos sempre diferentes, não podiam deixar de ser contraditórias, por mais apaixonados que eles possam ser. O amor não nega a contradição. Ao contrário, procura extrair dela novas energias.

A "dama" ouve pacientemente as críticas que lhe fazem. Uma única vez a vi reclamar: apesar das diferenças – observou – místicos e dialéticos têm suas concepções da infinitude. Gostaria de ouvir o que os místicos teriam a dizer a respeito da infinitude em geral e da paciência infinita em particular.

Embora seja uma campeã da paciência, a "dama" separou-se de seu marido, o materialismo dialético (em solteiro, materialismo vulgar.). Evitou queixar-se dele, não queria deixar transparecerem ressentimentos. O ex-marido foi menos elegante, alegou ao juiz que ela tinha um caso com Martin Heidegger (1889-1976). A "dama", sorrindo, negou: "Ele era um irracionalista, nunca me satisfaria plenamente".

Recomendei-lhe a Hannah Arendt (1906-1975).

segunda parte

A HERANÇA DE MARX

Max Horkheimer (à esquerda), Theodor Adorno (à direita) e Jürgen Habermas (ao fundo, passando a mão no cabelo), em abril de 1964. Foto de Jeremy J. Shapiro.

THEODOR ADORNO

Theodor Wiesengrund Adorno provocou em muitas pessoas reações de forte antipatia. Brecht, por exemplo, achava-o pernóstico. Hannah Arendt, que o considerava presunçoso, acusou-o de ter adotado nos Estados Unidos, definitivamente, o nome Adorno porque os norte-americanos tinham dificuldade para pronunciar Wiesengrund.

José Guilherme Merquior descreve Adorno como "careca, gorducho e baixote" e diverte-se contando que, durante um curso que ministrava em Frankfurt, entusiasmado com passagens que lhe pareciam muito dialéticas, Adorno se punha na ponta dos pés e repetia, excitado, para os alunos: "Meine damen und herren, das ist sehr dialektisch"[1].

Os estudantes que, em meio à onda contestadora de 1968, ocuparam a universidade da qual ele era reitor, não se impressionaram com sua filosofia crítica, anticapitalista, e hostilizaram-no. Lukács, na ocasião, zombou dele, comparou-o ao aprendiz de feiticeiro, dizendo que ele havia estimulado a rebeldia iconoclasta dos jovens e agora os rebeldes se voltavam contra ele.

Houve também a clamorosa injustiça de lhe atribuírem a intenção de sabotar a difusão dos escritos de seu falecido amigo Walter Benjamin (1892-1940) – embora ele e seus discípulos tenham sido, ao contrário, os responsáveis pela publicação dos ensaios de Benjamin.

De onde vinha essa má vontade? O que a causava? Talvez a própria proposta filosófica de Adorno tivesse, aos olhos da maioria das pessoas, algo de irritante, de provocador.

Desde a leitura de *História e consciência de classe**, de Lukács, e do encontro com Benjamin, na primeira metade dos anos 1920, Adorno se tornou

---

[1] "Minhas senhoras e meus senhores, isso é muito dialético". Citado por José Guilherme Merquior, *As ideias e as formas* (Rio de Janeiro, Nova Fronteira, 1981).
* São Paulo, Martins Fontes, 2003. (N. E.)

marxista, mas bem a seu modo. Seu marxismo não só rejeitava a doutrina oficial do "marxismo-leninismo", como viria a se permitir (nisso divergindo do amigo) uma posição de crítica política explícita ao "sistema" adotado na União Soviética.

A meu ver, a divergência entre Adorno e Benjamin não resultava de um deles – no caso, Adorno – ser mais desconfiado que o outro. Ambos se recusaram, na época, a seguir o caminho trilhado por Lukács, que resultaria na entrega a uma militância tumultuada, com elevados índices de frustração, exigências e autocríticas, concessões dolorosas feitas ao longo de mais de cinquenta anos.

Na origem da divergência, estava a convicção de Benjamin de que, para intervir na ação, para participar ativamente na luta de classes, era preciso atuar de maneira coletiva, filiar-se ao instrumento da revolução: o partido.

Essa convicção – diga-se de passagem – nunca se traduziu de fato pelo ingresso do ensaísta na organização. A decisão era necessária, porém não podia ser precipitada. Por mais sincero que fosse em seu propósito, Benjamin – sintomaticamente – jamais encontrou energia suficiente para entrar para o partido.

Adorno não viveu esse dilema. Sem necessidade de discorrer sobre o assunto, o futuro autor da *Dialética negativa** decidiu caminhar sozinho, ou melhor, em companhia de uns poucos amigos, entre os quais aquele que logo se tornou seu parceiro em numerosos escritos: Max Horkheimer (1895-1973).

Horkheimer e Adorno tinham plena consciência da diferença de ângulo e dos problemas que dela decorriam. Um marxista entrosado com outros marxistas, atuando numa organização marxista, podia acreditar que estava integrado no movimento de vanguarda do proletariado; podia sentir-se tranquilizado quanto a sua coerência, desde que conseguisse evitar um aprofundamento mais ambicioso em suas inquietações teóricas e dar-se por satisfeito com os preceitos da doutrina oficial modificada. Era compreensível, portanto, que muitos marxistas convergissem para a militância partidária.

Os dois amigos, no entanto, rejeitaram essa opção. Horkheimer escreveu, inclusive, em seu famoso ensaio "Teoria tradicional e teoria crítica"**, que exis-

---

* Rio de Janeiro, Zahar, 2009. (N. E.)
** São Paulo, Abril Cultural, 1983, Os Pensadores. (N. E.)

tem tempos de crise dos quais a verdade se refugia em pequenos grupos. Para ele e para Adorno, não havia dúvida de que o marxismo dos integrantes desses pequenos grupos – os zeladores da verdade – não podia deixar de ser diferente do outro, oficial.

Também não havia dúvida de que sobre esses marxistas – que logo seriam considerados "desgarrados" – haveria de pairar a suspeita de serem "revisionistas", "confusionistas" ou até "agentes do inimigo", "reacionários disfarçados", sabotadores empenhados em impedir a assimilação da "linha justa".

O trabalho de Adorno e Horkheimer se articulou em torno do Instituto de Pesquisa Social, ligado à Universidade de Frankfurt. Desde o início dos anos 1930, Horkheimer era diretor do instituto[2]. Os pesquisadores, sob a direção de Horkheimer, passaram a concentrar seus trabalhos na esfera da cultura, da chamada superestrutura.

A ascensão de Hitler ao poder, a onda de repressão, o exílio, a morte do amigo Benjamin não impediram Adorno de dar continuidade a esse programa. O fato de o nazismo ter conseguido mobilizar as massas populares confirmou a convicção adorniana de que os seres humanos pensantes podem perfeitamente trabalhar como bandidos contra si mesmos. Tornava-se cada vez mais evidente que a consciência das pessoas era condicionada, sim, mas não imediatamente dirigida por interesses econômicos. Muitos alemães que aplaudiram o Führer pertenciam a camadas ou setores da sociedade que seriam (como logo foram) prejudicados por sua política.

Adorno trouxe sua contribuição para o avanço de uma das questões mais tradicionais da filosofia: o que é o conhecimento? Como se chega a conhecer algo? O sujeito que conhece é um sujeito ativo, é o sujeito da práxis. A práxis é uma atividade na qual o sujeito toma iniciativas, faz escolhas, decide, assume riscos. Para ser práxis, e não se deixar corromper numa atividade mecânica, cega, repetitiva, a atividade de autotransformação necessita da teoria em sua independência.

A teoria que vivifica a práxis não pode supor que, no conhecimento, o sujeito quer apenas registrar o objeto, a realidade puramente objetiva. A maior

---

[2] Essa história está bem contada por Bárbara Freitag na revista *Tempo Brasileiro*, Rio de Janeiro n. 155, 2003.

objetividade buscada pelo pensamento dialético – a objetividade do conhecimento dialético – necessita não de menos, mas de mais sujeito. Apenas assim, enxergando a si mesmo como parte da realidade objetiva, o sujeito pode se conhecer objetivamente. Só se pode alcançar o primado da objetividade pela reflexão subjetiva sobre o sujeito. E é alcançando o primado da objetividade que a dialética se torna materialista.

Aquilo que a doutrina oficial do marxismo-leninismo chama de materialismo dialético (*diamat*) não passa de um feixe de conceitos petrificados, com uma função apologética: cabe-lhe tentar fortalecer o controle burocrático institucionalizado nos países que, na época, eram apresentados como representante do "socialismo real".

Adorno estava convencido de que, no legado de Marx, havia duas partes bem distintas: uma, a da crítica (negativa) do capitalismo, a revelação das contradições do modo capitalista de produção; outra, a da proposta (positiva) de uma alternativa, encaminhada pela revolução proletária e pela construção do comunismo. Para Adorno, a primeira era magnífica; a segunda estava superada.

Expondo resolutamente sua "dialética negativa"[3], confrontava-a com aquela que seria uma "dialética positiva", a do marxismo-leninismo. E também com um *best-seller* da época nos Estados Unidos, expressão triunfante do mais crasso utilitarismo intitulado *O poder do pensamento positivo*. A literatura de autoajuda também possui seus campeões, os recordistas da mediocridade. Aliás, Adorno nos lembra disso quando discorre sobre as imagens de artistas de cinema e diz que a humanidade levou algum tempo sendo preparada por mecanismos propagandísticos perversos para acolher rostos como o de Victor Mature (1913-1999) e Mickey Rooney (1920).

A radicalidade da "dialética negativa" era, segundo Adorno, mais do que nunca necessária no mundo que emergia da Segunda Guerra Mundial. O nazifascismo tinha sido militarmente derrotado, mas a barbárie estava viva como tendência e o capitalismo se tornava ainda mais forte. Os comunistas, ancorados na "dialética positiva", não estavam em condições de enfrentar o poderoso inimigo: apoiavam-se em uma concepção da história que privilegiava positiva-

---

[3] Ver Marcos Nobre, *A dialética negativa de Theodor Adorno* (São Paulo, Iluminuras/ Fapesp, 1998).

mente a continuidade do movimento, em prejuízo da descontinuidade. Era como se fechassem os olhos diante do perigo. (Adorno os advertia: não há uma história contínua, que vai do selvagem à humanidade, mas há uma que vai do machado de pedra à superbomba de hidrogênio.)

Mas não havia só a subordinação da descontinuidade à continuidade. Havia também a subordinação do particular ao geral, do singular ao universal, das partes ao todo. Mesmo quando o movimento de autonomização dos indivíduos era saudado como importante, como em Hegel, sua posição era menos significativa que a construção do todo.

A crítica da cultura ficava entregue a críticos que não conseguiam avaliar a gravidade dos problemas com que lidavam, porque se sentiam superiores à massa dos consumidores e não extraíam as consequências do fato de serem eles mesmos condicionados pelo mercado. Esses críticos não se davam conta de que, numa sociedade ultracompetitiva, eram levados a competir uns com os outros, em busca de sucesso (reproduzindo, assim, o mecanismo instaurado com a centralidade do mercado).

Um dos requisitos indispensáveis à reação contra esse estado de coisas era a autocrítica. Por toda parte, porém, a autocrítica estava sendo sabotada. Na União Soviética e no mundo dito comunista, ela não passava, em geral, de uma manobra oportunista de alguém empenhado em neutralizar as críticas dos concorrentes e assegurar postos na hierarquia do Partido Comunista. Nos Estados Unidos, a aparência das instituições "livres" tornava o aprofundamento do exercício crítico (e, portanto, do exercício autocrítico) extremamente difícil.

No fim da Segunda Guerra Mundial, foi lançado o livro *Dialética do iluminismo*. Como em alemão a mesma palavra que designa o iluminismo ("a filosofia da luzes") [*Aufklärung*], significa, no cotidiano, pura e simplesmente "esclarecimento", o tradutor brasileiro deu à obra o título de *Dialética do esclarecimento**.

É nesse livro que está o famoso ensaio sobre a "indústria cultural". No século XIX, já existiam investimentos consideráveis na produção de bens culturais que deveriam ser produzidos para ser consumidos no âmbito da "cultura

---

* Theodor W. Adorno e Max Horkheimer, *Dialética do esclarecimento* (Rio de Janeiro, Zahar, 1985). (N. E.)

de massas". No século XX, porém, a produção de bens culturais para as massas começou a dar lucros colossais e, para isso, recebeu investimentos gigantescos. Já não se tratava da produção de livros ou revistas (ou jornais relativamente pequenos), mas de filmes de cinema, grandes campanhas publicitárias e, um pouco depois, programas de televisão espetaculares.

A "indústria cultural" é um sistema, um conjunto de setores produtores que funcionam em certo entrosamento. Com isso, a "indústria cultural" conferiu ao capitalismo uma vitalidade muito superior àquela que ele possuía na época de Marx.

No século XX, mudou a burguesia e mudou o proletariado. As relações de produção se revelaram mais elásticas do que Marx imaginara. A consciência de classe não se desenvolveu no sentido da preparação do "salto qualitativo" revolucionário que Marx previra. Essas mudanças, segundo Adorno, afetaram "o cerne do marxismo", isto é, a teoria da mais-valia.

Adorno abominava o nazismo, que imperava na Alemanha, e também o stalinismo, que prevalecia na União Soviética. Teóricos liberais poderiam supor que ele teria uma visão menos severa da sociedade norte-americana. No entanto, o que viu nos anos em que viveu lá, como exilado, não o agradou nem um pouco.

Nos Estados Unidos, a seu ver, era possível ter uma ideia do que o capitalismo faria nos demais países. Na chamada "cultura de massas", o público consumidor é manipulado, não atua como sujeito, não faz escolhas efetivamente livres; na realidade, ele é objeto. Sua sensibilidade auditiva regride e se deteriora. Sua independência política perde toda e qualquer serventia. Seu gosto se degrada. Repetições e clichês acostumam-no à passividade. A indústria cultural lhe serve produtos pré-digeridos, que agradam a preguiça cultivada por ela própria.

Distanciando-se dos marxistas-leninistas, que insistiam em trilhar os caminhos de uma participação ativa nos movimentos sociais e culturais progressistas e na crítica interna das tendências pequeno-burguesas ("populistas", "basistas" ou "espontaneístas"), para fazer prevalecer a "linha justa", Adorno desenvolvia suas reflexões com grande desenvoltura e formulava agudas críticas sem se prender demais a conveniências conjunturais.

Às abordagens sociológicas "reducionistas" prestigiadas pelo stalinismo, Adorno contrapunha uma atitude crítica que buscava e encontrava o social, não num abstrato "conteúdo", mas na forma dialeticamente considerada.

Era um crítico realmente notável. Tinha excelente formação musical. Comparando-o com Benjamin, Gabriel Cohn (1938) observou que, enquanto este era "todo olho, visão perscrutadora" (como se vê na análise do anjo da história, o *Angelus novus*, de Paul Klee), Adorno era "todo ouvido", atento à diversidade dos sons.

Numa entrevista que concedeu à revista *Cult*, Roberto Schwarz (1938) prestou homenagem aos ensaios de Adorno sobre música, dizendo: "Os ensaios sobre música [...] foram os que mais me marcaram, ainda que de música eu não saiba nada"[4]. Para o crítico brasileiro, o decisivo era a visão que Adorno tinha da revolução moderna e de sua substância social-histórica, em conexão com o funcionamento da forma, que é por ele discutido.

Não só nos ensaios dedicados à música, mas também nos escritos sobre literatura, Adorno proporcionou aos seus leitores diversas demonstrações da fecundidade de seus métodos. De maneira geral, os melhores ensaios literários de Adorno e de Lukács, por caminhos distintos, enriquecem de modo complementar nossa compreensão de Balzac, Thomas Mann (1875-1955), Kafka, Heinrich Heine (1797-1856), Goethe (1749-1832) e outros.

Adorno fustigou Lukács em *Notas de literatura I**, dizendo que seu erro básico tinha sido fazer do ensaio um texto que se impõe expressar diretamente a teoria. Atualmente, muitos admiradores de Lukács decerto tendem a concordar com essa crítica. Outras críticas de Adorno a Lukács são menos razoáveis: a afirmação de que o livro *Die Zerstörung der Vernunft* (*A destruição da razão*) mostrava apenas a destruição da racionalidade do autor era grosseira e injusta. Lukács assumiu posições equivocadas, porém não estava de "miolo mole". Nas circunstâncias da Guerra Fria.

---

[4] *Cult*, São Paulo, n. 72, 2003.
* São Paulo, Duas Cidades/ Editora 34, 2006. (N. E.)

Walter Benjamin.

Asja Lacis.

WALTER BENJAMIN

Para entender melhor como se estabeleceu a relação de Walter Benjamin com o marxismo e o que este representou para ele, certamente não podemos nos limitar à sua história de amor com Asja Lacis (1891-1979), a combativa militante comunista letoniana, mulher do diretor teatral alemão Bernhard Reich (1892-1972). Benjamin se apaixonou por ela, esteve com ela na Itália, em seguida foi visitá-la em Riga e, depois, em Moscou, quando Asja estava internada numa clínica para doentes nervosos (como se dizia naquele tempo).

Por mais interessante que seja essa história de amor infeliz – como costumavam ser os amores benjaminianos –, ela não nos esclarece a interpretação dada por Benjamin às ideias sobre as quais ele discutiu com Asja Lascis.

Até hoje, não se sabe com certeza quais textos de Marx e Engels Benjamin leu com atenção e na íntegra. Seus escritos e sua correspondência, entretanto, deixam claro que, em meados dos anos 1920, leu *História e consciência de classe*, de Lukács, e ficou indelevelmente marcado pelo livro.

Desde seu primeiro contato com o marxismo, portanto, Benjamin entusiasmou-se por uma linha de interpretação do pensamento de Marx que divergia das versões doutrinárias adotadas tanto pelo *establishment* social-democrático como pela direção do movimento comunista.

O que encontrou no marxismo não foi tanto um sistema conceitual constituído, sólido, maciço, mas um admirável conjunto de conceitos que já surgiam com vocação para radicalizar a crítica à sociedade burguesa e impulsionar a revolução contra o capitalismo. Um conjunto de conceitos que proporcionava ao sujeito magníficas armas para inserir-se na luta de classes.

Na perspectiva nova que Marx lhe apresentava via Lukács, o que mais agradou a Benjamin foi exatamente o fato de ela recusar a postura daqueles que se encastelam no plano da teoria e apontar insistentemente para a fecundidade teórica da própria prática ou, ao menos, da prática revolucionária.

O marxismo, então, não era e não podia ser uma construção teórica que proporcionaria a quem a adotasse um elenco de respostas prontas, "corretas", para todas as questões. Benjamin o entendia como um poderoso estímulo ao mergulho na ação, na convicção de que esse mergulho é que lhe permitiria descobrir novas dimensões significativas na realidade que estava empenhado em transformar.

Essa maneira de entender o marxismo não se manifestou na época unicamente em Lukács e Benjamin: com características e traços bastante variados, ela apareceu também, em alguns momentos de modo um tanto tumultuado, no pensamento do italiano Antonio Gramsci, em determinados escritos de Theodor Adorno e no ensaio "Teoria tradicional e teoria crítica", de Max Horkheimer, bem como em diversos textos de Karl Korsch (1886-1961) e Ernest Bloch e na trajetória de Rosa Luxemburgo (1871-1919).

Outra, contudo, foi a leitura que prevaleceu no movimento histórico dos marxistas em geral. No âmbito da social-democracia, o "marxismo" veio a ser um sistema montado a partir de um conjunto articulado de citações dos "clássicos" (Marx e Engels) consideradas essenciais pelo zelador "oficial" do legado doutrinário, o alemão Karl Kautsky. A "montagem", de resto, fazia-se com base numa linha "evolucionista" de interpretação da história.

No âmbito do movimento comunista, o marxismo passou a ser "marxismo-leninismo", outro conjunto (este mais "duro") de citações dos "clássicos" (Marx, Engels e Lenin) consideradas essenciais pela direção política dos partidos, definidora da "linha justa" (Stalin).

Em ambos os casos, havia uma combinação de elementos que compunham uma concepção da história na qual determinados sujeitos assumiam as responsabilidades da iniciativa política e a massa dos liderados era convencida a segui-los em nome da necessidade histórica inexorável. As divergências giravam em torno de quem eram os "condutores" do processo e qual deveria ser a velocidade das transformações.

Em ambos os casos, havia um rígido controle da doutrina estruturada como um todo sobre "a correta" aplicação dos conceitos. O saudoso Nelson Werneck Sodré (1911-1999), certa vez, criou brincalhonamente uma expressão adequada para a caracterização do procedimento instituidor de "ortodoxias": havia autoridades teóricas que aplicavam aos textos um rigoroso "marxímetro".

Havia nessas concepções do marxismo um evidente sacrifício da dimensão filosófica do pensamento de Marx, não só da dialética, mas também daquele que vem sendo reconhecido atualmente como o conceito mais original e mais fundamental de sua filosofia: a práxis.

Nos anos 1920 e 1930, a importância do conceito de práxis não era reconhecida em geral. É verdade que Gramsci reagiu contra essa subestimação e insistiu em chamar o marxismo de "filosofia da práxis", mas logo ficou isolado, encarcerado por Mussolini, e impossibilitado de exercer uma efetiva influência nos debates internos do movimento comunista. Sua influência, afinal, foi póstuma: só se tornou marcante com a publicação dos *Cadernos do cárcere**, no pós-guerra. (Gramsci, como sabemos, morreu em 1937.)

O conceito de práxis abre caminho para que seja repensada a relação entre teoria e prática. A prática "pede" teoria, porém nada assegura que ela vá receber sempre uma teoria que corresponda plenamente a sua demanda. E a teoria só pode cumprir esse papel se integrar-se à prática que a solicitou, participando dela. A práxis é a atividade na qual a teoria se integra à prática, "mordendo-a". E a prática "educa" e "reeduca" a teoria.

Benjamin não dedicou nenhum de seus escritos ao conceito de práxis. No entanto, era esse o horizonte permanente de seu marxismo, mesmo que não tenha sido explicitado.

Ao contrário de Lukács, o admirado autor de *História e consciência de classe*, que na segunda metade dos anos 1920 se tornou, como Adorno, um de seus principais interlocutores, Benjamin, na juventude, antes de seu encontro com o marxismo, já havia tido a experiência da atividade política, participando do movimento estudantil em Berlim.

Para nós, considerado nosso objetivo, não importa que a atividade política do jovem Benjamin tenha sido confusa, ou mesmo crassamente equivocada (como o movimento da Juventude Livre Alemã); o importante é que ele viveu a experiência da atividade política que Lukács (antes de 1918) e Adorno não viveram.

---

* 3. ed., Rio de Janeiro, Civilização Brasileira, 2007. 6 v. (N. E.)

Essa experiência imprimiu desde cedo uma feição peculiar à assimilação do marxismo por Benjamin. Para nosso autor, as condições históricas do século XX mostravam no capitalismo uma capacidade de resistência maior do que Marx – o genial pensador do século XIX – poderia imaginar.

O capitalismo desenvolveu recursos extremamente poderosos de manipulação do comportamento, conferiu notável poder de persuasão às ideologias que correspondiam a seus interesses vitais, fortaleceu-se consideravelmente, e o marxismo benjaminiano tratou de extrair as consequências da convicção de que o capitalismo não ia "morrer de morte natural".

Não havia, portanto, nenhuma garantia possível para assegurar que as contradições objetivas do capitalismo, ao se agravar, provocariam o colapso do "sistema". Nenhuma dinâmica socioeconômica "inexorável" faria por si mesma aquilo que os revolucionários eram desafiados a fazer: tomar as iniciativas políticas necessárias para liquidar o modo de produção inventado pela burguesia, substituindo-o por um novo, compatível com as aspirações do movimento operário e, em última análise, da humanidade.

Enquanto a doutrina do marxismo, em sua versão social-democrática, alimentava na consciência dos trabalhadores a ilusão de que eles estavam na crista da onda do movimento histórico socioeconômico, cultivando neles a convicção de que o marxismo era a "ciência" que observava e descrevia o que já estava acontecendo, o marxismo de Benjamin se voltava para as tensões da práxis, da atividade criadora dirigida para o que ainda não havia acontecido.

Aos sociais-democratas Benjamin preferia os comunistas. Tratava-se, entretanto, de uma opção miserável. Embora convencido de que os comunistas, na prática, faziam algumas coisas que precisavam ser feitas, o filósofo nem por isso se identificava com eles. Em diversas ocasiões, expressou mesmo claras discordâncias em relação às concepções que adotavam. Basta lembrarmos a controvérsia em torno do verbete Goethe, redigido por Benjamin para a enciclopédia soviética e severamente submetido a cortes e adulterações pela direção da obra.

O "marxismo-leninismo", tal como foi codificado pela direção que sucedeu a Lenin (leia-se Stalin), parecia-lhe altamente problemática. Irritava-o, sobretudo, a pretensa "flexibilidade" com que os seguidores da doutrina, reiterando sempre uma estrita fidelidade a ela, adaptavam-na pragmaticamente às circunstâncias. Achava lamentável vê-los acenar com rupturas impossíveis e preconizar a aceitação de continuidades inaceitáveis. Não podia deixar de se insurgir contra o uso demagógico e oportunista de conceitos como progresso, civilização, evolução e desenvolvimento. Preocupava-se em cobrar uma explicitação dos limites e do conteúdo atribuído a cada termo, no contexto de sua utilização.

Se a história fosse um processo linear evolutivo, subordinado aos ditames de um tempo homogêneo e vazio, os sujeitos humanos não teriam como intervir nele. Nossos projetos seriam vãos, inócuos. Benjamin repelia o determinismo rígido e a resignação dele decorrente. Para ele, se o determinismo prevalecesse, o balanço das nossas perdas se degradaria num inventário estúpido, porque não haveria nada a resgatar no passado. E a revolta perderia todo e qualquer sentido: reduzir-se-ia a mera insensatez.

Inspirava-lhe também uma forte repulsa à expansão em escala mundial de procedimentos de tipo relativista, que implicavam conivência com a redução tendencial de todos os autênticos valores humanos (absolutos) a critérios quantificadores, isto é, aos preços do mercado. Essa redução dos valores qualitativos a cifras era, a seu ver, uma decorrência da centralidade do mercado, típica do modo de produção capitalista.

Embora não possamos saber ao certo se Benjamin leu todo *O capital*, é fácil perceber que ele tomou conhecimento da análise marxista do fetichismo da mercadoria.

Se todas as coisas tendem a se transformar em mercadorias e a própria força humana de trabalho (a criatividade dos homens) é vendida por um salário, onde podem ser vistos os sujeitos humanos, aqueles que transformam o mundo e a si mesmos?

Dostoiévski disse que, se Deus não existe, tudo é permitido. A ideologia predominante no capitalismo poderia dizer que, se o sujeito humano não existe, tudo é vendável, tudo pode ser objeto de compra e venda. E os sujeitos humanos, cada vez mais, estão sumindo: uns desaparecem nas grandes empresas, nas sociedades anônimas; outros somem atrás dos objetos/mercadorias que revelam possuir uma visibilidade bem maior que a nossa.

Benjamin se horrorizava com a onda de cinismo que acompanha a proliferação dos relativismos. Para enfrentar objetivamente a ação, o problema político com que se defronta, o filósofo procurou mobilizar os saberes disponíveis.

Verificou, porém, que as mais diversas áreas da produção científica estavam infiltradas pela relativização amolecedora. Já no século XVI, Montaigne escrevia: "Nossas loucuras não me fazem rir; o que me faz rir são nossos saberes".

É então que a teologia lhe aparece como um bastião da resistência, já que seu objeto – Deus – não pode deixar de ser o absoluto, o não relativo por excelência.

Benjamin mergulhou, assim, na leitura dos teólogos e dos místicos, em especial dos heterodoxos. A referência ao absoluto torna concreto o relativo; ela possibilita para nós uma compreensão mais profunda da história.

Em vez de pretendermos reconstituir o passado, tal como ele pretensamente teria sido, damo-nos conta de que exercitamos nosso poder de rememoração a partir do presente.

Se tem algum sentido falar na "totalidade" do tempo histórico, cabe-nos estar bem atentos para o fato de que essa compreensão – sempre provisória – será fundada pela intensidade da experiência vivida no tempo de agora. Nossa vida, sustenta o filósofo, é um músculo que tem força suficiente para contrair o tempo histórico em sua totalidade. O tempo no conhecimento histórico é reconhecido como incompleto, inacabado.

Os lutadores do passado, aqueles que nos precederam na rebeldia, enviam-nos sinais que precisamos captar para nutrir a débil força messiânica que nos foi concedida. A dimensão da continuidade na história (hegemonia conservadora) tem prevalecido sobre a ruptura. O que precisamos fazer então? Benjamin responde: escovar a história a contrapelo.

Só uma autêntica revolução pode canalizar com eficiência todas as energias libertárias, numa iluminação profana, capaz de recuperar simbolicamente tudo que foi desejado com grandeza pelos rebeldes do passado. Só uma verdadeira revolução pode redimir os que foram injustamente derrotados, através de uma apocatástase histórica.

A atribuição à história de um sentido objetivamente dado é um artifício ideológico que visa impedir que os sujeitos se sintam postos diante de uma história que está em aberto e cujo "sentido" será aquele que lhe conferirem. Nada é definitivo, irrevogável. "Cada segundo", diz Benjamin, "é a porta estreita por onde o Messias pode entrar." E a única possibilidade de que a história venha a ser julgada está no dia do juízo final.

A esta altura de nossa exposição do movimento de Benjamin em sua relação com o marxismo, é bem possível que o leitor esteja convencido de que a perspectiva benjaminiana, a partir de certo ponto, abandona decididamente o terreno da relação com o marxismo. Em relação à religião, as posições de ambos não são apenas diferentes: são opostas.

Para Marx, a consciência religiosa era a consciência alienada por excelência. "A religião é o suspiro da criatura oprimida, o ânimo de um mundo sem coração e a alma de situações sem alma."[1]. Quando, no comunismo, as relações entre os homens e deles com a natureza se tornarem nacionais e transparentes, o reflexo da realidade na consciência não precisará mais da religião. Segundo diz Marx no terceiro volume de *O capital*, a religião desaparecerá.

Benjamin, contudo, poderia se perguntar: esse é o núcleo essencial da perspectiva de Marx? Esse é o fundamento insubstituível do marxismo? E, se é, de qual marxismo ele é a base? Nos anos 1930, havia diversos marxismos em confronto, às vezes em franco conflito. Benjamin podia se apoiar numa construção teórica própria original, reivindicando para ela um caráter ou uma inspiração marxista.

Michael Löwy (1938) ministrou um curso de um ano dedicado às "teses sobre o conceito de história", de Benjamin, e observou que nosso ensaísta tinha clareza a respeito de suas divergências com Marx, porém evitava manifestá-las e preferia criticar os expoentes do marxismo do século XX, seus contemporâneos, porque estava convencido de que devia a Marx o essencial de sua perspectiva: a compreensão da práxis na luta de classes.

Seu modo de ser marxista não exigia que ele se mantivesse preso ao que Marx pensou e escreveu, mas cobrava dele que retomasse os conceitos e os desenvolvesse no âmbito de uma continuação da luta, aprofundando e corrigindo a teoria em função das novas necessidades reveladas pela práxis.

O dia do Juízo Final, apocatástase histórica, a revolução-redenção e o Messias que pode entrar a qualquer momento pela porta estreita do tempo não têm nada a ver com a rigorosa sobriedade de Marx, ateu convicto, materialista ina-

---

[1] "Crítica da filosofia do direito de Hegel – Introdução", em Karl Marx, *Crítica da filosofia do direito de Hegel* (São Paulo, Boitempo, 2005), p. 145.

balável. Marx era antimessiânico. Benjamin, contudo, poderia argumentar que seu messianismo aparecia não propriamente para contestar o ponto de vista de Marx sobre a religião, mas para fortalecer o projeto político dele.

Michael Löwy chama nossa atenção para a novidade do messianismo benjaminiano: "Deus está ausente, e a tarefa messiânica é inteiramente atribuída às gerações humanas. O único messias possível é coletivo: é a própria humanidade, mais precisamente [...] a humanidade oprimida"[2].

Na perspectiva de Marx, segundo Benjamin, o proletariado faria a revolução e esta corresponderia às aspirações e aos anseios de liberdade e justiça de praticamente toda a humanidade, sobretudo dos explorados. Benjamin tendia a pensar as duas coisas – a luta de classes vivida pelos trabalhadores e a mobilização ampla da humanidade oprimida – em uma conexão bastante imediata, muito direta.

Via com agrado seu amigo comunista Bertolt Brecht declarar que não tinha sentido prolongar além de limites razoáveis discussões teóricas muito complicadas, muito sofisticadas. Brecht dizia que, em nome das urgências da ação, há sempre um momento em que é preciso chegar a uma formulação rude, "grosseira" (*Plumps Denken*). Benjamin gostava dessa ideia.

Impacientava-se com as elaboradíssimas articulações dialéticas que caracterizavam os trabalhos de seu amigo Adorno. Respeitava-o, não queria polemizar com ele publicamente, mas com certeza não se dispunha, pessoalmente, a acompanhá-lo em seu estilo de pensamento.

Adorno, nos anos 1930, era provavelmente melhor dialético e mais rigorosamente marxista do que Benjamin. Mas não mostrava partilhar com ele a forte disposição para intervir ativamente na luta de classes. Nesse aspecto, Benjamin estava mais próximo do espírito de Marx do que Adorno.

Benjamin sabia da necessidade de pensar agindo, e agir pensando. Procurava um caminho para atuar politicamente. Tinha lido Machiavel (1469-1527), portanto tinha consciência de que não basta expressar suas convicções, não é suficiente expor com clareza suas ideias: é necessário enxergar os caminhos possíveis para traduzi-las em ação e trilhá-los de modo a fazê-las prevalecer.

---

[2] Michael Löwy, *Walter Benjamin: aviso de incêndio* (São Paulo, Boitempo, 2005), p. 52.

Durante alguns anos, nosso autor alimentou o projeto de ingressar no Partido Comunista, organização que lhe proporcionaria condições para a atividade militante. Anunciou mais de uma vez a seu amigo Gershom Scholem (1897--1982), teólogo judeu, que "por uma questão de coerência" ia entrar para o partido. Mas nunca entrou.

Não seguiu o caminho de Lukács, que ingressou na organização e nela permaneceu, enfrentando mil dificuldades, sobrevivendo a mil tempestades, fazendo autocríticas e concessões penosas ao longo de mais de meio século.

Também não seguiu o caminho de Adorno, intelectual que trabalhava com um pequeno grupo, mantinha-se isolado, desconfiado de tudo e de todos, confiando apenas em sua implacável "dialética negativa", sem fazer concessões à positividade, ou seja, sem se comprometer com as experiências políticas vividas (e sofridas) por socialistas e comunistas.

Benjamin, de fato, nunca conseguiu resolver esse problema; nunca descobriu o trajeto que o levaria à participação prática, direta, na luta de classes.

Herbert Marcuse. Óleo sobre tela (Victor Lin, Xian, 2010).

HERBERT MARCUSE*

Entre os filósofos descendentes de Marx, nenhum, com certeza, marcou a vida político-cultural dos anos 1960 com mais vigor do que o alemão Herbert Marcuse, cujo centenário de nascimento comemoramos há pouco. Trata-se, sem dúvida, de um autor polêmico. Contudo, feito o balanço de sua obra e analisada sua trajetória, creio que mesmo aqueles que divergem de sua perspectiva reconhecerão que a importância de sua contribuição para o pensamento crítico contemporâneo prevalece amplamente sobre quaisquer restrições que lhe possam ser feitas.

Em sua juventude, em Berlim, aos vinte anos, Marcuse presenciou o levante espartaquista, tentativa revolucionária que foi brutalmente reprimida. Ele simpatizava com a causa dos sublevados e lamentou profundamente o assassinato de Rosa Luxemburgo e Karl Liebknecht. Ao que tudo indica, a experiência daquela derrota marcou de maneira indelével a reflexão do filósofo.

Walter Benjamin dizia que a vitória põe o vitorioso numa situação que facilita o fortalecimento das tendências conservadoras já que, para consolidar sua conquista, é preciso cercá-la de muralhas e passar a viver dentro de um *bunker*. O derrotado, ao contrário, se quer sobreviver, precisa "banhar-se no sangue do dragão", passando por todos os angustiantes incômodos de um ajuste de contas com suas próprias ilusões, isto é, com aquelas sinceras e enraizadas convicções, que, no entanto, o levaram à derrota[1].

Na história do pensamento socialista, é verificado que muitas vezes a autor-renovação se atrasa e em alguns casos deixa de ser empreendida. Os revolucionários pagam um preço alto por se acreditar imunes à infiltração conservadora

---

* A primeira versão deste texto foi publicada em *Physis: Revista da Saúde Coletiva*, Rio de Janeiro, v. 8, n. 1. jan-jun. 1998. (N. E.)
[1] Walter Benjamin, *Gesammelt Schriften* (2. ed., Frankfurt, Suhrkamp, 1998), v. 1, p. 372.

em suas consciências. Falta-lhes, com frequência, maior capacidade de desconfiar de si mesmos.

O saudoso Hélio Pellegrino (1924-1988) nos advertia para a força da resistência interna à mudança, para os riscos derivados do apego aos conhecimentos que nos acostumamos e que proporcionam alguma segurança. Para acolhermos e assimilarmos um "novo", somos às vezes forçados a viver situações nas quais temos a impressão de que vamos perder a nossa identidade. Em última análise, modificar-se é correr o risco de descaracterizar-se, extinguir-se. Hélio Pellegrino dramatizava a advertência: "Mudar é correr o risco de morrer!".

Contudo, se não mudamos, morremos. Não se trata mais de um risco, mas de uma certeza. Marcuse teve a coragem intelectual de refletir sobre a derrota dos espartaquistas, extraindo dela elementos que pudessem ajudá-lo em sua revisão, em seu esforço, para buscar nova maneira de atuar em consonância com seus valores de esquerda, sem incorrer nos erros que resultaram na derrota dos sublevados.

Como jovem estudante de filosofia que era, queria compreender por que os princípios da justiça não prevaleciam, por que os que tinham razão podiam se equivocar e por que a direita podia alcançar triunfos como aquele da tragédia berlinense.

Saindo de Berlim, Marcuse foi para o sul da Alemanha, para a Floresta Negra. Na Universidade de Freiburg, fez doutorado sobre a historicidade em Hegel, sob a orientação do então já famoso Martin Heidegger, cujo livro *Ser e tempo** tivera grande repercussão.

Heidegger influenciou-o vigorosamente, como se pode perceber na leitura de seus escritos do fim dos anos 1920 e princípio dos anos 1930[2]. Logo, porém, embora não tenha desaparecido completamente, essa influência foi relativizada. Ligando-se à Escola de Frankfurt, Marcuse voltou a se ocupar das ideias de Marx, concentrando-se, em especial, no estudo dos recém-publicados *Manuscritos econômico-filosóficos* de 1844. Embora tenha em alguns pontos pro-

---

* 3. ed., Petrópolis/ Bragança Paulista, Vozes/ Universidade São Francisco, 2008. (N. E.)
[2] Herbert Marcuse, *Materialismo histórico e existência* (Rio de Janeiro, Tempo Brasileiro, 1968).

curado combinar conceitos de Heidegger e de Marx, ele constatou que as categorias do autor dos *Manuscritos* sobrepujavam amplamente as outras.

O próprio Marcuse falaria a respeito disso numa entrevista concedida mais tarde a Jürgen Habermas e a um grupo de pesquisadores. Nela, expressou seu interesse pelo conceito heideggeriano de "existência" (*Dasein*) e comentou que, após encontro com as ideias do jovem Marx ("novo Marx"), a concepção de Heidegger passou pouco a pouco a lhe parecer menos convincente. O pensamento de Marx, tal como ele o interpretava a partir dos *Manuscritos,* tinha implicações no campo da luta política que lhe agradavam muito[3].

A ascensão de Hitler ao poder não só forçou Marcuse ao exílio, como confirmou suas apreensões: sentia-se desafiado a contribuir para que o pensamento de esquerda se renovasse e não continuasse cometendo os erros de que a direita se aproveitava. Sem jamais adotar as ideias de Marx na forma de uma "doutrina" ou de uma "ortodoxia", Marcuse se empenhava em aproveitar os elementos mais instigantes da dialética do autor de *O capital.*

Os ensaios que Marcuse publicou ao longo dos anos 1930 criticam asperamente as ambiguidades estruturais, insuperáveis, da ideologia "racionalista" liberal, porém levam sempre em conta os riscos de uma postura que, em nome da crítica ao liberalismo, levaria à destruição da liberdade. O liberalismo não peca por contrapor suas defesas das liberdades individuais ao totalitarismo: peca por se deixar infiltrar por critérios que resultam em formas de conivência com as tendências totalitárias.

A burguesia, segundo Marcuse, só pode proporcionar aos indivíduos atomizados uma igualdade abstrata, realizada como desigualdade concreta: a dos consumidores. A situação é delicada. Os consumidores são, afinal, portadores de uma nova exigência de felicidade e, no mercado, para onde seus desejos os conduzem, são condenados à frustração, já que poucos – pouquíssimos – dispõem de poder de compra suficiente para adquirir aquilo que supõem que deverá fazê-los felizes. Desta maneira, são criadas as condições para que se organize a consciência de que a verdadeira felicidade dos seres humanos só

---

[3] Jünger Habermas et al., *Gespräche mit Herbert Marcuse* (Frankfurt, Suhrkamp 1978). O reconhecimento da importância do encontro com os *Manuscritos* está reiterado em Herbert Marcuse, *Ideias sobre uma teoria crítica da sociedade* (Rio de Janeiro, Zahar, 1981).

poderá ser alcançada por meio de uma transformação coletiva das condições materiais da existência.

Marcuse voltava a refletir sobre a necessidade de um revolucionamento da sociedade burguesa, sobre a criação de uma sociedade que estaria além dos limites impostos pela burguesia (como aquela que era sonhada pelos espartaquistas). Ao mesmo tempo, contudo, percebia que a grandeza da luta não podia ser usada como desculpa para que se cobrasse dos lutadores um comportamento "abnegado", isto é, de autonegação, de sacrifício acrítico (não consciente) deles mesmos, de suas saudáveis e humanas alegrias individuais, no altar da revolução e da edificação da sociedade futura.

Os indivíduos que anseiam pela libertação e pela felicidade só se dispõem a lutar por seus ideais porque, na consciência, já são um pouco livres e um pouco felizes. Ninguém luta, de fato, por algo que não sabe o que é. Nas condições de manipulação dos sujeitos pela publicidade, a possibilidade da mistificação depende de alguma concessão real, ainda que mirrada, para que as promessas mistificadoras tenham alguma credibilidade.

O que precisa ser radicalmente denunciado é o fato de que o prazer e a liberdade sofrem uma deformação profunda na medida em que não podem ser efetivamente desfrutados por indivíduos concretos. No capitalismo, as pessoas são envolvidas nas malhas de demandas artificiais, que exploram os desejos manipulados de individualidades cada vez mais abstratas. Impulsos e necessidades potencialmente enriquecedores são substituídos por carências cultivadas pela hipercompetitividade.

Num ensaio de 1939, Marcuse classificava os prazeres ligados a essas carências de falsos prazeres. Ele escrevia:

> O prazer na humilhação dos outros e na própria humilhação sob uma vontade mais forte, o prazer nos numerosos substitutos da sexualidade, no sacrifício sem sentido, no heroísmo da guerra, é, por conseguinte, um falso prazer, porque os impulsos e necessidades que com ele se satisfazem tornam os homens menos livres, mais cegos e mesquinhos do que precisariam ser.[4]

Duas observações se impõem aqui. A primeira é que, desde Charles Fourier (1772-1837), nenhum teórico havia retomado em termos tão incisivos co-

---

[4] Herbert Marcuse, *Cultura e sociedade* (São Paulo, Paz e Terra, 1997), v. 1, p. 188.

mo Marcuse o tema da revalorização do prazer na história do pensamento socialista. E a segunda é que não é casual que em 1939 ele discorresse sobre indivíduos "abstratos" e indivíduos "concretos", atribuindo aos dois adjetivos um significado de origem hegeliana.

Contrariando o senso comum, Hegel havia sustentado o ponto de vista segundo o qual o que é percebido de maneira imediata, puramente empírica, permanece abstrato, ao passo que o conhecimento concreto é aquele que se obtém através de um processo, que passa por mediações. Marcuse aproveita essa conceituação que encontrou em Hegel para falar do indivíduo abstrato como aquele que se limita a perceber sua situação imediata de isolamento (e carece de parâmetros para avaliar a si mesmo, não dispõe de termos de comparação fecundos), ao passo que o indivíduo concreto é o que reconhece a inserção de seu movimento pessoal no movimento social, no intercâmbio com os outros.

De fato, durante a guerra de 1939-1945, paralelamente a György Lukács (dado que um desconhecia o trabalho do outro), Marcuse estava preparando um livro sobre Hegel que foi publicado com o título de *Razão e revolução*[5]. E o Hegel revisitado por ele não só apresentava feições mais nítidas do que o Hegel que havia sido tematizado na tese orientada por Heidegger, como também tinha características que não faziam concessões às abordagens hostis e superficiais do autor de *A fenomenologia do espírito** pela imensa maioria dos "marxistas-leninistas".

Em Hegel, Marcuse encontrou importantes subsídios para sua reflexão sobre as relações entre indivíduo e sociedade. O indivíduo é, por definição, singular. Sua liberdade, no entanto, depende de ele ter consciência não só de sua singularidade (da diferença), mas também daquilo que ele tem em comum com os outros (a universalidade). E mais: os indivíduos concretos, livres, se sabem criaturas finitas, mortais, mas isso não é razão para se desprezarem, pois existem num movimento de constante autossuperação, em direção a algo que os ultrapassa, quer dizer, é graças a eles que as sociedades humanas podem caminhar na direção de uma maior universalidade.

---

[5] Idem, *Razão e revolução* (São Paulo, Paz e Terra, 2004).
* 5. ed., Petrópolis, Vozes, 2008. (N. E.)

Marcuse se insurgiu com firmeza contra a tentativa de incorporar Hegel, sumariamente, aos teóricos que justificavam a diluição do individual no coletivo, como antes já tinha se insurgido, com a mesma nitidez, contra os teóricos que fetichizavam o indivíduo, em sua abstratividade, minimizando seus vínculos de dependência em relação aos movimentos coletivos.

Nos Estados Unidos, onde vivia e trabalhava como exilado, mantinha-se em contato com Theodor W. Adorno e Max Horkheimer, que também haviam sido forçados ao exílio. Acompanhava com vivo interesse as pesquisas dos dois "frankfurtianos". Ainda nos anos 1930, participou do trabalho interdisciplinar promovido pelo Instituto de Pesquisa Social a respeito das relações entre autoridade e família e empreendera extensas leituras sobre psicanálise, mergulhando nos escritos de Freud.

O resultado desses estudos foi o livro *Eros e civilização*[6]. Marcuse rejeitava o caminho trilhado por Erich Fromm (1900-1980), Harry Sullivan (1892-1949) e Karen Horney (1885-1992), entre outros, porque entendia que a tentativa de "complementar" as teorias psicanalíticas com "pontes" para a situação política e social era inútil (pois as próprias teorias já eram sociais e políticas) e, além disso, era um esforço que resultava em combinações ecléticas que diluíam o potencial de provocação de Freud.

Criticando os psicanalistas da corrente "culturalista", afirmou que eles reduziam a psicanálise a uma ideologia de adaptação do paciente à sociedade existente, à ordem constituída. Fromm, irritado, respondeu que a posição de Marcuse era a de um "niilismo disfarçado de radicalismo"[7].

Na verdade, Marcuse assumia em face da psicanálise uma postura caracterizada pela mesma desconfiança que manifestava diante das ideias de Marx utilizadas pelos marxistas: não lhe interessava aquilo que não contribuísse concretamente para o fortalecimento da crítica às instituições vigentes, da crítica à sociedade burguesa como um todo e aos seus mecanismos de alienação. Tanto no legado de Marx como no de Freud, ao lado das naturais limitações, havia armas preciosas que deveriam ser utilizadas na implacável desmistificação do mundo criado pelo capitalismo.

---

[6] Herbert Marcuse, *Eros e civilização* (Rio de Janeiro, Zahar, 1968).
[7] *Partisans*, n. 32/ 33, out. 1966.

A lógica de uma economia que gira, de modo cada vez mais exclusivo, em torno do mercado exaspera o exercício de uma autonomia ilusória por parte dos indivíduos. O eu é simultaneamente afagado e enfraquecido. Seu poder é exaltado, sua independência é proclamada e, no entanto, ele vai se tornando cada vez mais disponível para aceitar um comando externo, que acarreta uma insensibilização da consciência moral e da responsabilidade pessoal.

A psicanálise tem um papel importante a desempenhar na resistência a esse processo liberticida. Não no plano do encaminhamento da ação política, mas da preservação da consciência de uma verdadeira autonomia por parte dos indivíduos. Marcuse escreveu: "A psicanálise não pode oferecer nenhuma alternativa política, mas pode contribuir para estabelecer a autonomia e a racionalidade privadas"[8].

Freud sustentava que a civilização precisa de uma certa repressão básica para conter os impulsos libidinais e agressivos dos seres humanos, disciplina-los e submetê-los à imprescindível atividade produtiva: o trabalho. Segundo Marcuse, entretanto, o capitalismo extrapolou no desenvolvimento dos meios que são utilizados no emprego da repressão, tornando-os assustadoramente mais sutis e mais eficientes.

Em condições "não repressivas", a sexualidade humana tende a se tornar um poder vital predominantemente "construtivo" que os antigos gregos personificavam na figura de Eros. Nas sociedades alienadas, marcadas pela divisão social do trabalho, a civilização, em si mesma, aparece como uma organização que debilita Eros e, desse modo, libera impulsos destrutivos. No capitalismo, contudo, tal destrutividade se agrava. Esse agravamento, por sua vez, passa a ser utilizado para justificar o recurso cada vez mais constante à repressão camuflada (e até mesmo à repressão desnecessária!).

O uso sistemático de meios repressivos disfarçados é típico da chamada "sociedade afluente", na qual a sensação de liberdade é estimulada pelo fato de as pessoas poderem escolher entre muitas mercadorias e numerosos serviços, pelo fato de empregado e patrão poderem assistir aos mesmos programas de televisão, pelo fato de empregada e patroa poderem usar o mesmo batom etc.

---

[8] Herbert Marcuse, *Cultura e sociedade*, cit., v. 2, p. 109.

Uma observação crítica da "sociedade afluente", segundo Marcuse, revela os efeitos da manipulação dos comportamentos humanos. Os indivíduos falam cada vez mais sobre diversidade, diferenças individuais, originalidade, porém, de fato, estão se tornando cada vez mais parecidos uns com os outros, pois são permanentemente pressionados para se adaptarem a um "padrão de pensamento e de comportamento unidimensionais"[9].

No passado (e até uma época recente), a cultura era capaz de contrapor críticas ideais e aspirações à ideologia dominante, por ela mesma acolhida. Era, portanto, uma cultura bidimensional. Na segunda metade do século XX, contudo, a sublimação característica das criações artísticas foi sendo substituída por uma "dessublimação", que passava a "domesticar" os instintos dos indivíduos, enquadrando-os pragmaticamente na dinâmica do mercado.

A própria linguagem, de acordo com a análise de Marcuse, sofreu as consequências desse processo: as palavras passaram a ser utilizadas como se o significado delas fosse "natural" e os seres humanos deixaram, em geral, de reconhecer a necessidade de refletir (do latim *reflectere*, debruçar-se outra vez) sobre elas. Os sujeitos, então, perdem o poder de pensar sobre a história das palavras, de desconfiar das palavras, e passam a aceitá-las passivamente, na positividade engessada com que elas chegam.

O capitalismo, em sua forma contemporânea, tornou-se um sistema ainda mais poderoso do que era no passado. Criou instrumentos que lhe permitiam "neutralizar" a classe operária (que deixou de ter o "perfil" que tinha na época de Marx). Submetendo a liberdade sexual recém-conquistada aos mecanismos do lucro, foi capaz de absorvê-la e adaptá-la às suas conveniências. Fez prevalecer uma tendência cada vez mais acentuada de unidimensionalidade.

O "marxismo" oficialmente adotado pelos partidos comunistas e pela União Soviética encastelava-se em fórmulas ideológicas desgastadas, envelhecidas. No livro *O marxismo soviético*[10], Marcuse dizia que o marxismo, em vez de transformar a realidade socioeconômica existente na URSS, fora transformado por ela e se tornara uma ideologia de legitimação de uma vasta organização estatal e de uma complexa máquina político-partidária. Por sua falta de vigor crítico, tornava-se cúmplice do sistema capitalista contra o qual havia sido criado.

---

[9] Idem, *Ideologia da sociedade industrial* (Rio de Janeiro, Zahar, 1968), p. 32.
[10] Idem, *O marxismo soviético* (Rio de Janeiro, Saga, 1969).

Os militantes dos partidos comunistas se irritaram. O alemão Robert Steigerwald (1925), por exemplo, condenou a dialética marcusiana por só valorizar a ruptura e ignorar a dimensão da continuidade na história: Marcuse pretendia "dinamitar todas as pontes"[11]. O autor de *Eros e civilização* se defendeu, reiterando sua ideia de que o processo revolucionário precisava ser revitalizado por meio de uma "grande recusa"(expressão que tomou de empréstimo a Whitehead), isto é, por meio de uma onda de revolta extremamente diversificada, que poderia mobilizar as novas energias heterogêneas dos setores marginalizados, excluídos da "afluência", como os negros do Black Power, estudantes rebeldes, mulheres inquietas e povos do chamado Terceiro Mundo, além dos trabalhadores não assimilados pelo sistema e que, conforme insiste Marcuse, não devem ser vistos como definitivamente descartados no processo da revolução.

A onda de protestos estudantis que ocorreu em 1968 tornou Marcuse uma celebridade. Seu nome apareceu ao lado do de Marx e Mao como um dos três M, considerados os grandes inspiradores da contestação. Atacado pela direita, o filósofo berlinense viu suas ideias serem deformadas pela imprensa conservadora. Atribuíram-lhe teses que nunca havia defendido, como a de que o movimento estudantil substituía o movimento operário como sujeito da revolução, ou a de que o consumo de drogas contribuía para a radicalização da consciência crítica (quando, de fato, o que Marcuse havia observado é que o aumento do consumo de drogas por parte dos jovens era, a seu modo, um indício de insatisfação com a organização atual da vida e uma busca de novas formas de existência).

Sem abandonar o terreno do materialismo histórico, Marcuse empenhou-se em valorizar as motivações éticas, o sentimento de "nojo", de "asco" que um grande número de pessoas sentia em face da inumanidade, da brutalidade e da insensibilidade com que a organização da sociedade contemporânea funciona. Procurou combater, com toda a veemência de que era capaz, a ilusão de que qualquer forma de socialismo "produtivista" que se baseasse no mero crescimento econômico, no mero desenvolvimento das forças produtivas conseguiria superar os males essenciais do modo de produção capitalista. Em *Um ensaio sobre a libertação*[12] insistiu na convicção de que mais importante do que

---

[11] Steigerwald et al., *Die "Frankfurter Schule" im Lichte des Marxismus* (Frankfurt, Marxistische Blaetter, 1970), p. 99.
[12] Herbert Marcuse, *Um ensaio sobre a libertação*, (Lisboa, Bertrand, 1977).

o progresso material era a eliminação da miséria e a criação de uma nova solidariedade para o gênero humano.

Ao associar a criação dessa nova solidariedade ao processo revolucionário, Marcuse foi acusado de ficar preso a um sonho, a uma utopia, a um programa irrealizável, e assim subestimar – e eventualmente até atrapalhar – as reformas "realistas" possíveis. É interessante relembrarmos como ele respondeu a essa acusação.

Em *O fim da utopia*[13], alegou que na utopia havia uma ampliação do campo das possibilidades de ação pensáveis, o que resultaria, afinal, num estímulo para a criatividade das ações humanas. Alegou também que qualquer exagero na dimensão de continuidade na história resultaria num enfraquecimento da dimensão da ruptura e uma redução de nossas ideias novas a simples prolongamento das ideias velhas. A utopia desempenhava um papel decisivo na resistência contra esse esvaziamento do novo. Nesse sentido, o fim da utopia seria, de fato, o fim da história.

Pondo-se a serviço da revolução, a utopia não agravaria a tendência politicamente tão perigosa de desprezar a luta por reformas úteis e viáveis? Marcuse enfrentou a objeção. Entrevistado pela televisão alemã, num programa que o contrapunha a Karl Popper (1902-1994), fez questão de esclarecer que não tinha nada contra reformas úteis e viáveis capazes de atenuar o sofrimento dos homens. Em suas palavras:

> Reformas podem e precisam ser feitas. Tudo que se puder fazer para aliviar a pobreza e a miséria precisa ser tentado. Mas a opressão e a exploração pertencem à própria essência da produção capitalista, tal como a guerra e a concentração do poder econômico. Isso significa que mais cedo ou mais tarde se chega a um ponto no qual as reformas necessárias entram em choque com os limites do sistema. Atingido esse ponto, no qual o sistema bloqueia as reformas, impõe-se a questão: a revolução é possível?

As reformas necessárias, desde que realizadas de maneira consequente, acabam preparando as condições em que a revolução se apresenta na "ordem do dia". E a radicalidade com que atuam os revolucionários, enfrentando a resis-

---

[13] Idem, *O fim da utopia* (Rio de Janeiro, Paz e Terra, 1969). Ver também Herbert Marcuse e Karl Popper, *Revolution oder Reform?* (Munique, Kösel, 1971), p. 18.

tência conservadora institucionalizada, funciona como um elemento que viabiliza as reformas, em vez de atrapalhá-las.

Contra a opção revolucionária, costuma-se alegar também que ela promove a violência. Marcuse respondia que a violência não nascia da ação revolucionária, mas era uma característica do campo em que eram travadas as batalhas políticas ligadas às contradições sociais. Admitia que os revolucionários deviam estar atentos para evitar abusos e deformações; a violência revolucionária não podia se permitir os excessos e perversidades da violência da repressão reacionária (a tortura, por exemplo).

Defrontando-se com a questão do "terrorismo", Marcuse fez uma distinção entre a violência de grupos isolados e a genuinamente revolucionária, ligada à mobilização das massas. Em entrevista a uma revista francesa, o filósofo berlinense formulou com clareza sua posição em face das ações dos pequenos grupos ditos "terroristas". "Para o marxismo, a única violência revolucionária é a violência das massas revolucionárias; portanto, uma violência isolada, sem base na população, não é uma violência revolucionária."[14]

Na época, ele se preocupava com a infiltração de aventureiros e provocadores no movimento estudantil. A seu ver, mesmo sofrendo as consequências de graves problemas internos não resolvidos, o movimento estudantil contestador, com seu "forte elemento de anarquia", contribuía decisivamente para reanimar a combatividade dos movimentos de massas, criando uma possível compensação para o amolecimento dos grandes partidos (comunistas e sociais-democratas).

Foi em torno da avaliação do movimento estudantil, aliás, que Marcuse teve uma áspera discussão epistolar com Adorno, uma controvérsia tragicamente interrompida pela morte do autor da *Dialética negativa*. Adorno e ele eram amigos havia mais de trinta anos. Marcuse foi bastante influenciado pelas ideias que Adorno e Horkheimer haviam exposto na *Dialética do esclarecimento*. Seu ensaio *A dimensão estética*[15] se baseia explicitamente na concepção de Adorno sobre a arte. Em 1968, porém, vieram à tona sérias divergências políticas entre ambos.

---

[14] *Le Nouvel Observateur*, 8 jan. 1973.
[15] Herbert Marcuse, *A dimensão estética* (São Paulo, Martins Fontes, 1986).

Um grupo numeroso de estudantes rebeldes invadiu o prédio do Instituto de Pesquisa Social, na Universidade de Frankfurt. Adorno, diretor da instituição, vendo-se hostilizado pelos estudantes, chamou a polícia para removê-los. Marcuse, divergindo da decisão, escreveu ao amigo. Adorno replicou, cobrando apoio do outro ao seu esforço para preservar o "velho instituto" em que haviam trabalhado juntos ("nosso velho instituto, Herbert"). Marcuse retrucou, dizendo que o instituto não era mais o mesmo, pois vinha pecando por "abstinência política" e não havia tomado posição contra "o imperialismo norte-americano", na guerra do Vietnã. Provocativamente, acrescentou que empregava a expressão "imperialismo norte-americano" porque continuava convencido de que ela se referia a um fenômeno real.

A troca de farpas devia doer em ambos. Adorno escreveu que a polícia tratou os estudantes de modo muito mais civilizado do que os estudantes o haviam tratado. Caracterizou o grupo como politicamente isolado e viu na atitude dos jovens algo de "fascistas", uma postura que poderia vir a destruir as instituições da democracia representativa. Marcuse admitiu que houvesse comportamentos irresponsáveis e ações levianas no meio dos estudantes, porém negou que o movimento estudantil em geral corresse o risco de sofrer um processo de "fascistização". Reafirmou seu ponto de vista, segundo o qual o inconformismo dos estudantes era um elemento fundamental no questionamento do capitalismo, e advertiu "Teddy" de que os danos acarretados às instituições da democracia representativa vinham muito mais das classes dominantes do que da rebeldia dos estudantes[16].

A explicitação da divergência contrapunha com nitidez a desconfiança "olímpica" de Adorno em face da ação política e a necessidade subjetiva de intervir nos conflitos históricos, característica de Marcuse. Infelizmente, o debate foi bruscamente encerrado pelo infarto que matou Adorno, na Suíça, em 1969.

Marcuse ainda prosseguiu, até morrer (em 1979), em sua incansável campanha de conclamação à "grande recusa", em sua denúncia radical do "sistema", no esforço permanente de mobilização dos mais variados setores marginalizados e excluídos da "afluência". Ridicularizou o conformismo de pessoas que

---

[16] A correspondência foi publicada pela revista *Praga*, São Paulo, n. 3, 1997.

moravam engavetadas em imensos caixotes chamados prédios de apartamentos, trabalhavam em atividades pouco ou nada prazerosas, possuíam automóveis particulares novos com os quais enfrentavam grandes engarrafamentos para ir a lugares parecidos aos locais onde moravam ou trabalhavam. Essas pessoas, que tinham geladeiras e *freezers* abarrotados de alimentos congelados, viam os mesmos programas de televisão e liam os mesmos jornais e revistas (que diziam mais ou menos as mesmas coisas), orgulhavam-se do que haviam "conquistado" e empenhavam-se em convencer a si mesmas de que eram "bem-sucedidas".

Marcuse preferiu o caminho mais incômodo da contestação, do questionamento constante. Mesmo correndo o risco de incorrer em exageros e unilateralidades, permaneceu fiel a sua perspectiva revolucionária anticapitalista, reiterando a denúncia da "unidimensionalidade", insistindo na desmistificação das consequências padronizadoras da expansão ilimitada da lógica do mercado e apontando os aspectos disfarçados da repressão ideológica que se oculta sob a aparência de certa "permissividade" (explorada lucrativamente pelo capital).

A irritação que despertava entre os conservadores e as calúnias de que era vítima lhe pareciam ser o preço a ser pago por ele por contrapor à realidade sombria do mundo capitalista o sonho de uma sociedade mais justa, na qual os seres humanos seriam mais felizes e levariam uma vida mais digna e infinitamente mais prazerosa.

Marcuse acreditava, apaixonadamente, numa vitória final de Eros sobre Tânatos. Estava convencido de que, no futuro, os seres humanos desenvolveriam uma "sexualidade polimórfica", que lhes revelaria potencialidades eróticas que ainda hoje continuam ignoradas, porque ainda permanecem sufocadas pela repressão vigente.

Essa imagem de um Paraíso concebido em termos resolutamente materialistas, apresenta obviamente aspectos bastante problemáticos. Contudo, se considerarmos que seu objetivo é promover um contraste politicamente educativo entre as possibilidades dos sonhos de felicidade e a rude e amesquinhada realidade presente (a ser transformada), devemos reconhecê-la, certamente, como uma imagem muito instigante, fecunda e sugestiva.

Simone de Beauvoir, Jean-Paul Sartre e Ernesto Che Guevara. Cuba, 1960.

JEAN-PAUL SARTRE

Adorno e Benjamin assimilaram o marxismo de maneira bastante original, como uma filosofia com a qual se sentiam à vontade, mesmo quando se rebelavam contra a autoridade.

Jean-Paul Sartre (1905-1980) tinha outra proveniência: "a filosofia da existência", o existencialismo. Hoje, essa corrente de pensamento tem pouca repercussão. Em 1945, porém, era uma presença forte.

Era preciso saber então o que significavam o *em-si* e o *para-si*. O em-si é o ser da coisa, o ser compacto. O para-si é o ser da consciência, instável, rebelde. A consciência humana sente inveja e pavor em face do em-si. Sartre dizia que o homem queria ser um *em-si-para-si*, porém verificou que isso não dava certo, já que para ele se tornar em-si seria preciso morrer.

O filósofo usa como exemplo a sensação forte que temos quando tocamos em algo viscoso (em excrementos, por exemplo). Por um lado, podemos até sentir uma consistência tépida, não totalmente desagradável; por outro, os excrementos nos repugnam, sentimos nojo deles. Sartre dizia que aí percebíamos o em-si nos chamando.

O filósofo comunista Henri Lefebvre (1901-1991), irritadíssimo com Sartre, acusava-o de fazer "la métaphysique de la merde".

Entre 1945 e 1946, Sartre era um filósofo bastante politizado. Quando irritou os comunistas, sabia bem o que estava fazendo. Vale a pena revisitarmos algumas ideias a respeito de sua relação com os comunistas.

A principal divergência filosófica entre eles referia-se ao papel atribuído à liberdade e à necessidade na ação de fazer a história. Os comunistas em geral entendiam o materialismo histórico como uma concepção de um movimento dominado pela necessidade. A importância das iniciativas dos sujeitos individuais era pequena (às vezes ínfima). Houve casos em que Sartre, ao lê-los, deve ter tido a impressão de que o materialismo histórico havia se transformado num materialismo *histérico*.

O receio de Sartre era que esse procedimento resultasse num álibi. Comunistas criticados por ações equivocadas – tanto política como eticamente – podiam alegar que haviam feito o que qualquer companheiro que estivesse no lugar deles, tivesse as informações que eles tinham e tivesse percorrido caminhos análogos aos deles faria.

O mundo, hoje, é sem dúvida diferente do mundo em que viveu o filósofo francês. Sartre começou a publicar no fim dos anos 1920; por mais que tenha intensificado sua produção filosófica e literária ao longo dos anos 1930, não se pode dizer que tenha ficado famoso.

Não tinha filiação político-partidária nesse período. Sua relação com a política, como diria mais tarde Simone de Beauvoir (1908-1986), era bastante "vaga". Simpatizava com a Frente Popular Antifascista e procurou ajudar os republicanos espanhóis na guerra civil (1936-1939).

Era franzino, desajeitado, praticamente cego de um olho (o direito). Foi compulsoriamente recrutado pelo Exército francês. Depois, capturado pelos alemães e posto num campo de prisioneiros (*Stalag*), acabou sendo solto, em março de 1941, graças a um parecer médico que assinalava sua "cegueira parcial". Assim, em dezembro de 1942, passou a colaborar com o movimento de resistência ao invasor alemão.

O Partido Comunista Francês seguia a linha da Frente Popular Antifascista, identificada com Georgi Dimitrov (1882-1949) e caracterizada pela disposição de isolar os adversários (fascistas e nazistas) e unir todas as forças democráticas e progressistas. Esforçando-se para ampliar o arco de alianças, os comunistas fortaleceram a imagem de uma força patrioticamente enraizada na vida da França.

No início da guerra, Stalin fez um acordo com Hitler (Pacto Ribbentrop-Molotov) e a situação dos comunistas franceses mudou drasticamente. Viram-se forçados a sustentar que a guerra estava sendo travada entre a burguesia alemã e a burguesia francesa, de modo que o proletariado não tinha nenhuma razão para se envolver no conflito. Essa atitude foi vista por muitos setores como uma posição de traição nacional. Convocado para combater os nazistas, Maurice Thorez (1900-1964), secretário-geral do Partido Comunista Francês (PCF), desertou.

Em 1936, Sartre publicou *A imaginação**; em 1938, foi a vez de *A náusea*** e, em 1943, *O ser e o nada*****. Mas sua popularidade estourou mesmo em 1945, no imediato pós-guerra. Aproximou-se dos comunistas no início dos anos 1950, quando a guerra na Coreia parecia estar sendo conduzida pelos Estados Unidos como prólogo de uma nova guerra mundial (como a guerra da Espanha, entre 1936 e 1939, foi para Hitler um prólogo para a Segunda Guerra Mundial).

Nesse período, o existencialismo tornou-se uma espécie de moda intelectual. Merleau-Ponty, Simone de Beauvoir, Albert Camus (1913-1960) e outros constituíam um grupo predominantemente de esquerda, mas bastante crítico em relação ao PCF. Sartre se destacava. Na revista *Les Temps Modernes*, ele interpelou os franceses: "Não percebem que no Vietnã nós estamos com a cara dos alemães?" Ao mesmo tempo lançava dúvidas quanto à ligação do PCF com a classe operária.

Em sua peça *As moscas******, o filósofo ilustrou sua convicção de que, façamos o que fizermos, estamos condenados à liberdade e devemos arcar com as consequências de nossas ações. A ideia foi retomada nas peças que escreveu em seguida: *Entre quatro paredes*******, Mortos sem sepultura* e *A prostituta respeitosa********.

Em 1946, Sartre lançou *O existencialismo é um humanismo*********, no qual explicitava suas divergências com os comunistas, que ficaram muito irritados. Jean Kanapa (1921-1978), ex-aluno do filósofo, convertido em fiel defensor da "linha justa", tal como era definida pela direção do partido, publicou um livro intitulado *O existencialismo não é um humanismo*. Marguerite Duras (1914-1996), que na época era comunista, também atacou Sartre.

A grande divergência implícita entre Sartre e os comunistas era a de duas perspectivas contrastantes em relação à história. Os comunistas acusavam Sartre de ser individualista e ele respondia: "O 'outro' é o mediador indispensável entre mim e mim mesmo"; "Em qualquer hipótese, cada um de nós é meio vítima, meio cúmplice, como todo mundo".

---

* Porto Alegre, L&PM, 2008. (N. E.)
** Rio de janeiro, Nova Fronteira, 2006. (N. E.)
*** Petrópolis, Vozes, 2009. (N. E.)
**** Rio de Janeiro, Nova Fronteira, 2005. (N. E.)
***** Rio de Janeiro, Civilização Brasileira, 2007. (N. E.)
****** São Paulo, Papirus, 2004. (N. E.)
******* 3. ed., São Paulo, Nova Cultural, 1987. (N. E.)

Hoje, a União Soviética se desintegrou, o muro de Berlim desabou, os representantes do comunismo "oficial" sumiram e com eles desapareceu o *diamat*. Quase não se ouve mais o discurso doutrinário da esquerda rebelde, cheio de invectivas, juízos peremptórios, conclamações e certezas. E o conservadorismo conseguiu uma vitória espetacular quando convenceu os homens de que não havia alternativa para o capitalismo. A inglesa Margaret Thatcher (1925) mandou o recado para o mundo inteiro: "There is no alternative", abreviado para "Tina"... Seria compreensível que o pensamento de Sartre, nas atuais condições, despertasse pouco interesse.

No entanto, a obra ensaística do filósofo continua a ser lida, suas peças continuam a ser encenadas, as ideias que expôs em *O ser e o nada* (1943) e em *A crítica da razão dialética* (1960)* ainda despertam o interesse de muitos leitores.

Falar de Sartre não é falar de uma relíquia, não é homenagear um autor venerado, mas definitivamente arquivado, inteiramente morto. Não se pode fazer com ele a maldade que ele fez com Georges Pompidou (1911-1974). Quando lhe perguntaram como reagira à notícia da morte do ex-presidente, Sartre respondeu: "Pompidou não era ninguém, era igual a qualquer outro. Então, podemos dizer que morreu um indivíduo"[1].

Sartre, com certeza, não era igual a qualquer outro. Por que ainda nos emocionamos quando vemos o pensador assegurar que "a filosofia não existe; sob qualquer forma que a consideremos, essa sombra da ciência, essa eminência parda da humanidade, não passa de uma abstração hipostasiada"[2]?

A trilogia romanesca (*A idade da razão, Sursis* e *Com a morte na alma***) é considerada envelhecida, mas a novela *A náusea* preserva sua força e sua vitalidade literária. *As palavras****, livro que lhe valeu o prêmio Nobel de literatura de 1964 – recusado por ele – é uma obra-prima.

---

* Rio de Janeiro, DP&A, 2002. (N. E.)
[1] *Libération*, 13 abr. 1974.
[2] Jean-Paul Sartre, *Questão de método* (São Paulo, Abril Cultural, 1984, Os Pensadores), p. 113.
** 4. ed., Rio de Janeiro, Nova Fronteira, 2005; 4. ed., Rio de Janeiro, Nova Fronteira, 2005; 3. ed., Rio de Janeiro, Nova Fronteira, 2005. (N. E.)
*** Rio de Janeiro, Nova Fronteira, 2005. (N. E.)

Há algo que é quase sobre-humano na coragem e na coerência com que Sartre se dispunha a lutar por aquilo que considerava ser a autêntica liberdade. Para ele, a liberdade era uma dimensão constitutiva do sujeito humano. Qualquer que seja seu talento ou sua capacidade, o sujeito é livre e exerce sua liberdade. Não tem sentido procurá-la fora de nós. Cabe a cada um assumir sua própria liberdade. Fiel a essa convicção, acompanhou o movimento histórico transformador, tentando participar dele.

Divergiu de Marx, porém não lhe fez uma crítica mais desenvolvida: preferiu concentrar-se na discussão com os comunistas, tidos como seguidores de Marx e que, mesmo equivocados, acertavam num ponto essencial: faziam tolices, cometiam malandragens desmoralizadoras, mas eram combativos, cheios de iniciativa.

Ao contrário de muitos críticos do marxismo que questionam as ideias de Marx sem tê-las entendido nessa dimensão fundamental (que é o exigir de si mesmas o constante cotejo com a ação), Sartre se deu conta de que o pensamento de Marx exigia sua avaliação criticamente, não apenas no plano teórico, mas também em sua tradução na ação (a práxis).

No início dos anos 1950, Sartre aproximou-se dos comunistas (época de *Os comunistas e a paz**). Em 1953, morreu Stalin. Em 1956, Nikita Khruchov (1894-1971) denunciou os crimes de Stalin, e Sartre escreveu *Nekrassov***, peça em que ridiculariza o anticomunismo.

Na realidade, muito mais do que simpatizante do comunismo, o filósofo era antipatizante do anticomunismo. Chegou mesmo a dizer que todo anticomunista é uma criatura desprezível.

Em seguida, veio a brutal intervenção do exército soviético na Hungria, e Sartre escreveu *O fantasma de Stalin****. Não havia como se iludir a respeito da União Soviética e suas mazelas.

O fato de ser francês não o impediu de atuar com firmeza contra o colonialismo e a favor da independência da Argélia. Fazia comícios improvisados. O chefe de polícia, segundo consta, teria consultado o chefe de Estado, o general

---

* Em *Situações VI*, Lisboa, Europa-América, 1975. (N. E.)
** Paris, Gallimard, 1973. (N. E.)
*** Rio de Janeiro, Paz e Terra, 1967. (N. E.)

De Gaulle (1890-1970), sobre a necessidade de prender o filósofo agitador, e ele teria dito: "Não vamos cair no ridículo de prender Voltaire".

Ao longo de sua vida, na elaboração de seu trabalho e de sua reflexão, Sartre teve momentos de convergência e de divergência com os comunistas. No início, porém, os caminhos não se cruzaram. Antes da guerra, iniciada em 1939, Sartre, apolítico, lecionava filosofia para alunos de segundo grau. Depois, quando assumiu sua liberdade no campo de batalha da vida política, viveu a experiência daquilo que ele mesmo chamou de engajamento.

A controvérsia com os comunistas era crucial, não podia deixar de ultrapassar as fronteiras da ensaística filosófica e de se refletir numa parte fundamental da obra sartriana: o teatro.

Duas peças representam dois momentos distintos em seu "engajamento": em 1948, no auge da polêmica com o PCF, *As mãos sujas**; em 1952, quando a guerra da Coreia desencadeou e ameaçava transformar a Guerra Fria em "Guerra Quente", *O Diabo e o bom Deus***. *As mãos sujas* está situada num país fictício chamado Ilíria. O Partido do Proletariado, por força da guerra, perde contato com Moscou e mantém uma linha de combate contra a burguesia. Em nome da governabilidade, um dirigente importante da organização – Hoederer – passa a defender e praticar uma linha política de aliança com a burguesia, já que as tropas soviéticas vão vencer.

Os comunistas encaravam o processo histórico como uma sucessão de contextos previsíveis, cada um deles decorrente da superação do contexto precedente e apresentando tarefas específicas, típicas de cada etapa.

Nisso consistia o *etapismo*: negada a continuidade na total superação de uma etapa pela outra, com novas tarefas, a atitude dos sujeitos, militantes, deveria se manter inalterada.

Conforme Sartre declarou a Simone de Beauvoir, *O Diabo e o bom Deus* era, entre as suas peças, a que preferia. A ação se passa na Alemanha, durante uma onda de revoltas camponesas contra os senhores feudais no século XVI. O personagem principal, Goetz, briga com o irmão, Konrad, por causa da herança de um feudo. Organiza um pequeno exército e mata Konrad.

---

* Lisboa, Europa-América, 1997. (N. E.)
** 2. ed., São Paulo, Círculo do Livro, 1974. (N. E.)

Goetz é uma figura complexa: humilha e machuca Catarina, que o ama. Quando um banqueiro tenta interceder em favor de duzentos padres, numa cidade cercada pelas tropas de Goetz, este manda prendê-lo, ordena aos soldados que gritem "Viva o banqueiro!" e em seguida lhe cortem a cabeça. Goetz é procurado por Heinrich, um padre angustiado, que lhe entrega as chaves do portão da muralha. Heinrich é um místico e se oferece para morrer no lugar dos outros padres na esperança de comover o inimigo vitorioso e convencê-lo a poupar a vida dos derrotados.

Pouco antes do ataque final, Goetz tem uma conversa com Nasty, líder camponês radical, o qual lhe diz que ele cria tumultos que não resultam em coisa alguma e por isso serve à ordem constituída. Goetz reconhece que o Mal é cansativo em sua repetição, mas é muito difícil inventar algo novo. Fazer o Bem seria, na verdade, o grande desafio, porque todo mundo seria contra.

Por trás das hesitações de Goetz, pode ser percebido o eco das controvérsias de Sartre com os comunistas a propósito da necessidade e da liberdade na história. Sartre ansiava por uma metodologia que permitisse ao crítico compreender e fazer compreender a quem o lesse tanto as vivências individuais (livres) como as experiências históricas coletivas (necessárias).

Sartre dizia que Paul Valéry (1871-1945) era um pequeno-burguês, sim, mas nem todo pequeno-burguês era Paul Valéry. Dedicou-se, aí, a seu imponente estudo sobre Gustave Flaubert (1821-1880) (*O idiota da família**). Sua produtividade como escritor, então, diminuiu, no entanto ele já havia alcançado um índice respeitabilíssimo de cerca de quinze mil páginas. Seus olhos, que nunca foram bons, impediam-no de ler em seus sete últimos anos de vida. Bebia muito. Estava convencido de que – filosoficamente – tinha razão em sua crítica à redução do mundo a um sistema regido pela necessidade e do qual ficava excluída a contingência.

Sua rejeição do determinismo já estava presente no ensaio *A imaginação*, de 1936. A seu ver, o determinismo contribuía para fortalecer certa tendência à passividade no Partido Comunista, enfraquecendo-o em sua combatividade, em suas iniciativas. Sua fidelidade a essa recusa durou 44 anos, até a sua morte.

---

* *L'idiot de la famille* (Paris, Gallimard, 1971). (N. E.)

Na *Crítica da razão dialética*, mostrou que não queria repetir Marx: sua ambição era repensá-lo. Reinterpretou o conceito marxiano de *rareté* (escassez) e criou diversos outros conceitos, como *grupo em fusão, serialidade, prático-inerte* etc.

Em *Questão de método**, escreveu que o marxismo era "a filosofia insuperável de nosso tempo". Disse que seu modelo de filosofia da existência só se mantinha "vivo" porque o marxismo, em seu desenvolvimento histórico, deixou que alguns elementos de seu aparato conceitual se enrijecessem.

Uma divergência filosófica fundamental de Sartre com os comunistas estava em sua concepção da dialética. Sartre recusava a dialética da natureza e insistia na argumentação em que se reconhecesse que o essencial na dialética era o ponto de vista da totalidade. Convertido ao marxismo, o filósofo mantinha, entretanto, suas velhas convicções: a dialética é história, não é natureza. A consciência do sujeito é a morada da liberdade. Quem costuma fazer o discurso da necessidade, da objetividade e do rigor científico é o espírito conservador.

Buscava as mediações entre a rebeldia individual e o ponto de vista revolucionário, coletivo. Desconfiava do mundo institucionalizado. Em outubro de 1964, concederam-lhe o prêmio Nobel e ele se recusou a recebê-lo.

Rebelado contra a falta de radicalidade dos comunistas da linha de Moscou, aproximou-se dos maoistas. Embora se ressentisse do peso dos anos e de uma saúde cada vez mais precária, era visto nos anos 1970 participando de panfletagens, agitando as ruas, dando seu apoio à Revolução Cubana e a Fidel Castro (1926).

Conversões são rupturas carregadas de paixão. No fim da vida, Sartre era um convertido. É emocionante rever imagens suas nos anos 1970, distribuindo panfletos maoistas em Paris, tendo alucinações em Veneza, duplamente fiel a si mesmo, ateu e revolucionário.

Não se acomodou nunca. Foi sempre fiel à ideia contida em sua frase famosa: "On a raison de se révolter" (temos razão de nos revoltar).

---

* 4. ed., São Paulo, Difusão Europeia do Livro, 1979. (N. E.)

GYÖRGY LUKÁCS

György Lukács nasceu em Budapeste em 1885. Seu pai era banqueiro, judeu, e recebeu um título de nobreza quando o filho era ainda criança. O ambiente em que vivia sua família abastada era tranquilo. Mas a sociedade húngara atravessava um período de tensão que, em decorrência da Primeira Guerra Mundial, provocou a explosão do Império Austro-Húngaro.

Lukács se destacou muito cedo como intelectual com *Desenvolvimento do drama moderno**, *A alma e as formas*** e *A teoria do romance****. Criou um círculo de discussões com um grupo de amigos, entre os quais o sociólogo Karl Mannheim (1893-1947), o economista Eugene Varga (1879-1964) e os historiadores Frederick Antal (1887-1954) e Arnold Hauser (1892-1978).

A Revolução Russa, quando consolidada no poder, influenciou o ânimo de grupos revolucionários na Baviera, em Hamburgo e em Berlim, onde paramilitares de extrema direita mataram Rosa Luxemburgo. Na Hungria, a chamada "comuna húngara" chegou a exercer o poder num movimento ao qual Lukács aderiu.

Os comunistas húngaros, membros de um partido recém-fundado, designaram o "companheiro" Lukács comissário do povo. Ele aceitou a tarefa e iniciou em sua vida um longo período de 62 anos de militância. Um relato de sua atividade durante a insurreição, feito por um jornalista que não o admirava, conta que o filósofo, convencido de que o decisivo nas batalhas era a coragem, acompanhava os soldados nas trincheiras. Quando o tiroteio se intensificava, abandonava o abrigo e expunha-se aos tiros do inimigo para desmoralizar sua pontaria.

---

* *Entwicklungsgeschichte des modernen Dramas* (Neuwied am Rhein, Luchterhand, 1981). (N. E.)
** *Die Seele und die Formen* (Neuwied am Rhein, Luchterhand, 1971). (N. E.)
*** São Paulo, Editora 34, 2000. (N. E.)

O esforço dos húngaros foi em vão. Derrotados, muitos comunistas foram para a União Soviética. Cinco mil cidadãos húngaros foram fuzilados. Lukács ficou incumbido de coordenar, a partir de Viena, as ações clandestinas dos companheiros em atividade na Áustria. A tarefa era delicada, porque o prefeito de Viena era social-democrata e as relações entre eles e os comunistas estavam bastante deterioradas. Thomas Mann, amigo do pai de Lukács, encontrou-se com ele e ouviu-o expor suas ideias políticas. Depois escreveu: "Durante uma hora, ele desenvolveu suas teorias para mim. Enquanto falava, tinha razão. E se, em seguida, subsistia uma impressão quase inquietante de abstração, conservava-se também o incontestável sentimento de uma pureza e generosidade intelectuais imensas"[1].

Um problema mais grave era o da luta interna. Lukács temia manifestações de otimismo exagerado por parte dos companheiros que seguiam a liderança de Béla Kun (1886-1937), fundador do Partido Comunista da Hungria. Para enfrentá-los, Lukács voltou ao país e viveu três meses na clandestinidade. Tentou convencer os companheiros de que a ditadura de Miklós Horthy (1868-1957) (de direita) contava com algum apoio da população e não estava na iminência de uma derrocada.

O grupo de Lukács perdeu o poder para o outro grupo, apoiado por Béla Kun e Grigori Zinoviev (1883-1936), um dos dirigentes mais influentes do Partido Comunista da União Soviética. Esse grupo assumia uma posição cínica e oportunista, disfarçando as dificuldades que a vida real exigia que fossem enfrentadas.

A derrota do grupo de Lukács teve um efeito negativo considerável. Filosoficamente, *História e consciência de classe* desagradou aos sociais-democratas e, sobretudo, aos comunistas. Lukács, pressionado pelo partido, renunciou a algumas das ideias críticas da obra. Conforme veremos, a dimensão dialética, que encantara tantos intelectuais de esquerda, foi sacrificada, em parte, pelas críticas que alguns dirigentes do partido comunista soviético lhe fizeram. Lukács tinha divergências com Nikolai Bukharin (1888-1938), segundo homem na hierarquia do governo soviético. Foi atacado duramente pelo filósofo soviético Abram Deborim (1881-1963) e pelo húngaro Laslo Rudas (1885-1950) a respeito das limitações do materialismo em seu pensamento, que não dispu-

---

[1] José Paulo Netto (org.), *Georg Lukács* (São Paulo, Ática, 1981), p. 14.

nha dos instrumentos e conexões imprescindíveis a uma polêmica. Mais ásperas que as críticas filosóficas foram as críticas políticas ao programa proposto por ele: "As teses de Blum".

Para continuar no Partido Comunista, Lukács fez uma autocrítica severa, mas não totalmente sincera. Mais tarde se explicaria, alegando que pressentira o início da Segunda Guerra Mundial e precisava dispor de uma organização combativa para enfrentar os adversários.

Quando se desencadeou a guerra, muitos marxistas independentes foram para os Estados Unidos. Lukács foi para a União Soviética. Os exilados que foram para os Estados Unidos acharam que Lukács tinha poder naquela sociedade de novo tipo. Na verdade, o filósofo estava desarmado. Se por um lado teve ocasião de ler textos inéditos de Marx, por outro se via colocado sob um controle excessivo e se sentia vulnerável à violência. Não é casual que tenha tido dificuldades para tirar de um campo de trabalhos forçados o filho engenheiro de sua companheira Gertrud.

Com o fim da guerra e o retorno à Hungria, Lukács foi eleito deputado, assumiu uma cátedra na Universidade de Budapeste e publicou diversos livros, aos quais nos referiremos mais adiante. Estava cheio de esperança de que aqueles países ocupados por tropas soviéticas e condenados a se reorganizar politicamente sob controle comunista pudessem ser estudados de maneira não dogmática e por pesquisadores que respeitassem as raízes culturais dos povos que haviam participado da guerra: Albânia, Romênia, Polônia, Bulgária, Iugoslávia, Tchecoslováquia, além de parte da Alemanha, que havia sido ocupada pelo Exército da União Soviética.

O exílio de Lukács na União Soviética dificultava as discussões francas, que eram absolutamente necessárias. Os intelectuais exilados nos Estados Unidos não estavam habituados a sofrer pressões tão brutais, embora fossem bastante pressionados pelo governo. Bertolt Brecht, por exemplo, foi chamado a depor perante o comitê do Senado norte-americano, comandado pelo fascista Joseph McCarty (1908-1957).

Lukács ganhou popularidade. Debateu em Genebra com Karl Jaspers (1883--1969), dialogou com Maurice Merleau-Ponty e teve uma troca de farpas com Sartre. O próprio pensador húngaro foi quem tomou a iniciativa de provocar a discussão com o filósofo fenomenologista. Seus textos passaram a ser frequentados por uma nova geração de intelectuais, entre os quais Hans Heinz Holz (1927), István Mészáros (1930) e Agnes Heller (1929), sua discípula dileta. Lucien Goldmann (1913-1970) já havia descoberto a riqueza desse filão.

No final de 1956, o descontentamento popular nos países controlados pelas tropas soviéticas explodiu na Hungria. O governo de Ernö Gerö (1898-1980) foi derrubado pela população. Lukács, suspeito de participação efetiva no movimento, chegou a assumir o Ministério da Cultura no governo de Imre Nagy (1896-1958), porém demitiu-se dois dias antes da invasão do país pelas tropas soviéticas. Foi sequestrado pelos militares e levado para a Romênia. Solicitado a entregar suas armas, entregou sua caneta.

Lukács não abria mão de seu senso de humor. Procurou aproveitar a situação jurídico-política da Europa Oriental para sublinhar a importância da experiência e da originalidade das "democracias populares". Como constituíam um fenômeno novo, que Marx não poderia ter conhecido, o filósofo passou a discutir o caráter daquelas sociedades, indagando o que traziam de novo.

A atitude de Lukács não foi bem compreendida. Marxistas "ortodoxos" chegaram a propor sua expulsão do partido; e ele fez nova autocrítica, ainda mais grotesca que a primeira: Lukács foi chamado às falas por superestimar o tema da democracia nas chamadas "democracias populares".

Foi autorizado a voltar para a Hungria e retomar seus cursos na universidade. Enquanto trabalhava na redação de sua *Ética* (que acabou sendo uma *Ontologia do ser social**) publicou numerosos ensaios que aumentaram a sua popularidade. Mesmo um livro tão pesado como o estudo que dedicou ao *Jovem Hegel*** teve uma considerável receptividade entre leitores franceses, italianos e ingleses.

Passou a ser referência significativa, tanto para os que se admiravam com o que ele escrevia como para os que se irritavam com suas ideias. Sua base de conhecimento era imensa. Devemos a ele estudos conscienciosos a respeito de grandes escritores, como Goethe, Friedrich Hölderlin (1770-1843), Leon Tolstoi (1828-1910), Balzac, Büchner, Heine, Stendhal (1783-1842) e outros. Sua *Breve história da literatura alemã**** é primorosa; seus ensaios sobre o *Fausto* são

---

* São Paulo, Livraria Editora Ciências Humanas, 1979. (N. E.)
** *Der junge Hegel* (Neuwied am Rhein, Luchterhand, 1963). (N. E.)
*** *Neuer Deutsche Literatur* (Neuwied am Rhein, Luchterhand, 1963). (N. E.)

magníficos. É sintomática a reação que tinha diante de Fiódor Dostoiévski (1821-1881) e Kafka. De um lado, sente que precisa reconhecer a genialidade desses autores; de outro, cultiva algumas conexões obscuras que, em última análise, têm contaminações dogmáticas. O fantástico é que, saltando sobre essas contaminações, tenha escrito um fascinante ensaio sobre Dostoiévski. Não conseguiu o mesmo com Kafka.

Em seus últimos anos de vida, sofreu muito. Perdeu aquela que foi sua companheira ao longo de cinquenta anos. Estava politicamente isolado. Tinha uma relação civilizada com o dirigente comunista János Kádár (1912-1989), porém não inspirava grande simpatia aos dirigentes do partido. Estava cercado de uns poucos jovens que o consideravam um tanto acumpliciado com o regime da Hungria.

Mesmo no auge de seus entusiasmos políticos, nunca abandonou a arte e a estética. Seu livro *Estética**, com quatro volumes na edição espanhola, vem sendo reconhecido como uma sólida contribuição às artes de nossa época, ainda que críticos manifestem alguma desconfiança diante da estrutura da obra (talvez um pouco demasiado sólida).

A perspectiva dos escritos que Lukács dedicou à abordagem dos valores estéticos baseou-se em uma concepção complexa do realismo. Suas críticas tinham alvos prejudicados por dois adversários metodológicos do realismo: o naturalismo e o formalismo. No realismo, segundo ele, a imagem precede a interpretação, a criação é alcançada antes da crítica. A relação entre esses dois polos é inevitavelmente tensa. Em casos de conflito entre os dois momentos, no confronto entre um grande artista e um pensador qualificado, a lucidez tende a ficar sempre do lado do artista.

Lukács reagiu com visível má vontade às obras de autores expressionistas, ou próximos do expressionismo, mesmo quando tinham talento. Soube preservar na vida algumas ligações às quais fazia concessões: Anna Seghers e os amigos de Brecht, por exemplo.

Se o leitor não levar em conta as mudanças tumultuadas que ocorreram no século XX, se não relembrar a Revolução Russa, a Revolução Chinesa, as duas

---

* Barcelona, Grijalbo, 1966-1967. (N. E.)

guerras mundiais, as lutas do Vietnã contra a França e os Estados Unidos, a Revolução Cubana, o prolongado conflito entre israelenses e palestinos, a conquista da independência de novas nações africanas, devo dizer francamente que ele não entenderá Lukács e o mundo de Lukács.

O ambiente era muito carregado. O filósofo húngaro não se sentia à vontade em meio a procedimentos policialescos. Agnes Heller conta um episódio emblemático:

> Todos os estudantes sabiam que a universidade estava infiltrada por agentes policiais. Lukács estava dando aula quando um desses agentes se levantou para denunciar um colega que estava lendo uma revista alheia ao tema do curso. Os estudantes queriam saber qual seria a atitude do professor. Lukács continuou a dar sua aula, ignorando a denúncia. O delator insistiu. Lukács reagiu, "cancelando" a presença incômoda. O agente, implicitamente desmascarado, retirou-se, em meio ao sorriso da turma.[2]

De certo modo, o movimento revolucionário do século XX reeditava aspectos do movimento plebeu dos primeiros anos do cristianismo. A ideia de que o inimigo estava dentro da boa organização aflorava em ambos os casos. No cristianismo, era o demônio; no século XX, não havia como encaixar Satanás na revolução. Surgiu então uma tendência forte, comprometida com a demonização dos dissidentes, especialmente contra o chamado trotskismo.

Praticamente todos ou quase todos os comunistas pagaram tributo a essa transformação da imagem de Leon Trotski (1879-1940) no diabo. A contrapartida dessa exclusão do demoníaco era a exaltação da genialidade dos chefes.

Lukács não tinha como optar pelo caminho do trotskismo e não tinha como se arriscar a trilhar o caminho do stalinismo. Por isso, escolheu uma terceira possibilidade (*tertium datur*): o campo da ética. Não se tratava de um jovem que houvesse descoberto a riqueza humana da ética, mas de um veterano que nela se refugiava por força das condições políticas.

A solução que o filósofo encontrou para seus problemas não era uma visita eufórica ao *ethos,* era a adoção de armas eficientes que podiam ser ministradas pela razão. No período em que se viu mais "racionalista", Lukács publicou um livro (*O assalto à razão*) no qual se encontram suas qualidades de críti-

---

[2] Em entrevista inédita ao autor.

co literário e filósofo, mas também as tendências perigosas ao endurecimento dos conceitos e às mediações que o filósofo precisava estar atento para respeitar e assimilar sem sectarismo.

Retrospectivamente, é bom que se faça a ressalva: a relação de Lukács com o stalinismo foi além das "citações protocolares" que eram, na época, muito cobradas. Lukács não se limitou a citar seu chefe: ele assimilou algo do "sistema". O trotskismo era um sinal de alarme que os militantes da linha filo-soviética se recusavam a ouvir.

Uma das criações mais brilhantes da obra de Lukács surgiu na conexão de sua condição de pensador político com a de crítico literário. Teria sido melhor para ele que seus esforços o tivessem levado a desenvolver e aprofundar um conceito que vem sendo reconhecido como um dos mais fecundos da crítica literária de inspiração marxista: o de "poeta do povo".

Lukács observou analogias entre a história dos comunistas e a história da Igreja Católica. O estigma dos dissidentes apontava na direção da intolerância. Os cristãos encaminharam seus opositores para a fogueira. Ernesto Che Guevara (1928--1967) é, de certo modo, uma reencarnação de Thomas Münzer (1490-1525). Trotski, nesse aspecto, é uma reencarnação de Giordano Bruno (1548-1600).

Com seu conhecimento da história moderna e contemporânea, Lukács também se serviu de referências a obras de pensadores e artistas que, mesmo não sendo marxistas, manifestavam uma múltipla inquietação na busca de uma solução menos ruim para os impasses que surgiam na relação entre indivíduo e comunidade.

Observou que os "poetas de partido" (termo que usava e que não se limitava à expressão "poeta engajado") surgiram antes da sociedade civil burguesa. Dá como exemplo Percy Shelley (1792-1822) e Heinrich Heine, que escreveram seus versos no começo do século XIX, enquanto a sociedade civil burguesa só alcançou uma figura relativamente clara de sua identidade na segunda metade do século XIX. Uma das características mais importantes dessa sociedade está no fato de ter sido inventada pelos partidos de massa, que só foram efetivamente viabilizados nos umbrais do século XX.

O poeta, mesmo que seja um "poeta de partido", pode se tornar – e muitas vezes precisa se tornar – o trovador da falta de saída para sua própria vida. A liberdade poética pertence à liberdade de se desesperar, e o exercício do desespero constitui, como se pode ver na história da literatura, uma antiga tradição poética.

Uso aqui palavras do próprio Lukács, que reivindica para o "poeta de partido" uma concepção ampliada de liberdade cidadã. O "poeta de partido" se acha em unidade profunda com a vocação histórica do partido e com as grandes linhas estratégicas fixadas por este. No interior de tal unidade, entretanto, ele precisa atuar com seus próprios meios, empenhar-se sob sua própria responsabilidade.

Esse conceito poderia ter sido utilizado com maior desenvoltura e um espírito de provocação mais saudável. Lukács limitou-se a acolher uma redução a outro conceito, que se refere a questões políticas imediatas: a diferença entre o "poeta de partido" e o "poeta engajado". Este último faz uma escolha subjetivamente simples, ao passo que o primeiro opta por um partido mas faz uma opção por uma causa ampla e complexa. O conceito de "poeta de partido" (é uma pena que Lukács não o tenha desenvolvido) dá conta de toda a profunda instabilidade em que se encontra o artista diante da percepção do mundo e das mudanças dos empreendimentos humanos. A rigor, o engajamento, por sua própria essência, indica a direção da atividade política, em geral numa organização já existente. O processo do ingresso do sujeito na organização é fácil de entender.

O partido proposto por Lukács pode e deve ser pensado filosoficamente como expressão do aumento dos direitos do cidadão. Não se limita aos poetas *stricto sensu*: sugere uma poesia embutida no espírito do ser humano em geral. Daí a importância que o conceito teria se seu criador houvesse brigado por ele.

Na verdade, Lukács pretendeu ser ao mesmo tempo o cientista e o profeta, o ensaísta e o dirigente revolucionário, o crítico de arte e o militante político.

Lukács, embora tenha exercido grande influência na gênese da chamada Escola de Frankfurt, acabou irritado com esses pensadores, que são objeto das observações contidas neste livro. Ridicularizando Adorno, o húngaro disse: Adorno convocou os estudantes para a revolta, mas quando se revoltaram, na cidade de Frankfurt, revoltaram-se contra ele. Adorno retrucou que Lukács estava "de miolo mole".

Lukács não estava de "miolo mole". O que aborrecia Adorno era a inteligência de seu interlocutor, aplicada a uma defesa permanente do *diamat*. É pena que Adorno não tenha enfrentado o conceito de "poeta de partido".

Lukács tinha sobre os outros autores citados neste livro a vantagem e a desvantagem da militância partidária. Recorria frequentemente a conceitos literários para evitar a acusação de cultivar equívocos políticos.

Muitos comunistas acreditavam numa guerra mundial, a terceira, e preparavam-se para vivê-la. O apoio à União Soviética assumia formas que em linguagem marxista usual poderíamos chamar de "alienadas". Como manter a autonomia do espírito, a independência crítica, num quadro marcado pelo movimento predeterminado e pela obediência no cumprimento das tarefas? Cabe lembrarmos a velha indagação do escritor Tertuliano, na Antiguidade: "Quem controlará os controladores?".

O próprio Lukács, no fim da vida, procurou retardar a publicação de um livro político para evitar as pressões com as quais nunca se acostumou. O máximo de esperança que insistia em alimentar está na frase que define a situação dos revolucionários hoje como "des charbons ardents d´un grand feu éteint" (carvões ardentes de um grande fogo apagado).

Esse diagnóstico doloroso é, talvez, mais compatível com as necessidades reais dos socialistas atuais. Em todo caso, daqueles que combatem as consequências do funcionamento do capitalismo. Em nossa época, a própria palavra "revolução" é objeto de um esvaziamento sistemático. Lukács insurgiu-se contra isso, participando, em seu partido, de memoráveis batalhas. A posteridade será justa com ele.

Panfleto distribuído na ocasião da morte de Antonio Gramsci, em 1937.

ANTONIO GRAMSCI

Antonio Gramsci nasceu em Ales, na Sardenha, em 1891, numa família pobre. Seu pai, acusado de desviar dinheiro dos Correios, foi condenado a cinco anos de prisão. A família informou ao menino Antonio que o pai estava viajando. Essa mentira o incomodou muito mais do que a dúvida sobre a honestidade do pai.

Antonio era enérgico, mas sensível e independente. Era um menino que fabricava brinquedos para vender às crianças de famílias mais ricas. Enfrentou desde pequeno o desafio de ser uma pessoa normal, embora fosse corcunda.

Saindo de Cagliari, na Sardenha, ele assumiu o compromisso de dizer sempre a verdade. Foi para o continente estudar: descobriu em Turim a grande cidade. Entrou em contato com o proletariado, fez as primeiras amizades, com Palmiro Togliatti e Angelo Tasca (1892-1960). Ainda não havia sido criado o Partido Comunista. Gramsci pertencia à pequena ala esquerda do Partido Socialista, então liderada por Amadeo Bordiga (1889-1970).

Por influência de seu irmão mais velho, desencantou-se muito cedo com a religião e começou precocemente a assimilar o marxismo. A direção do Partido Socialista Italiano concordava com a posição dos Partidos Socialistas europeus: era pacifista. Quando se iniciou a Primeira Guerra Mundial, boa parte dos partidos socialistas se envolveu. Entre os socialistas da ala esquerda, achavam-se Gramsci e Mussolini. A ascensão de Gramsci à direção do Partido Socialista Italiano e do Partido Comunista da Itália (PCI), logo que este foi fundado, era difícil porque ele assumia claramente posições que se contrapunham às de Bordiga. Este último, devido a suas manobras durante o congresso, conseguiu anular a ação dos radicais, tornando-se secretário-geral do PCI durante um curto período.

Havia convergências entre Gramsci e os dirigentes da recém-fundada Internacional Comunista. E esta divergia da linha seguida por Bordiga, que se baseava numa avaliação otimista das possibilidades de radicalização da classe operária italiana. Gramsci, que tinha vivido intensamente a onda de greves promovida pelos operários de Turim, também era otimista, porém menos que Bordiga. Em 1922, foi a Moscou, como delegado do PCI, para participar do IV Congresso da Internacional Comunista. Conseguiu ser eleito secretário-geral do PCI com o apoio da Internacional e foi para Viena, onde ficou até ser eleito deputado.

Mussolini havia subido ao poder e dera início à adaptação do Estado italiano a um instrumento drasticamente repressivo. Em pouco tempo, transformado em líder incontestável da direita, o *duce* passou a implantar metodicamente o fascismo no país. Como tinha sido eleito deputado, Gramsci pretendia voltar para a Itália, mas estava impedido por força de uma ordem de prisão contra ele.

Em 1926, confiando na legislação italiana, que lhe garantia imunidade parlamentar, Gramsci voltou para o país e foi preso, iniciando-se então um período de vinte anos de reclusão. Esse período ficou marcado pelo arbítrio político, pela crueldade humana e pelos sofrimentos que tornaram infernal sua permanência no cárcere.

O objetivo dos fascistas era francamente proclamado: "Precisamos impedir esse cérebro de funcionar durante ao menos vinte anos". Gramsci reagiu contra os responsáveis pela prisão e passou a preencher, com sua letra pequena, 29 cadernos escolares, que só vieram a ser publicados depois da Segunda Guerra Mundial[1]. Percebeu-se que havia ali uma forte ambiguidade. Por um lado, uma pressão assumida pelo dirigente comunista, que não se conformava com as críticas tímidas feitas ao stalinismo; por outro, sua condição partidária que não podia deixá-lo ignorar as necessidades de sobrevivência da organização.

Laurana Lajolo conta ter havido um momento no qual Gramsci foi odiado por companheiros que divergiam dele politicamente; quando recebeu autorização para sair de sua cela individual para uma caminhada no pátio do quartel, foi atingido nas costas por uma pedra envolvida em gelo preparada por um

---

[1] Antonio Gramsci, *Cadernos do cárcere* (Rio de Janeiro, Civilização Brasileira, 1999).

"companheiro". O líder comunista disse depois que a dor que sentiu não foi nas costas, mas em sua dignidade de revolucionário[2].

Os *Cadernos do cárcere* foram escritos por Gramsci na perspectiva de uma reflexão capaz de aprofundar seu pensamento e descobrir novos modos de apreender a realidade, sem ficar preso a sistemas teóricos envelhecidos.

O conceito crucial de seu pensamento – conceito de sociedade civil – tem a ver com sua firme disposição de realizar uma crítica do poder e do Estado contemporâneo. Seu ponto de partida é a percepção de que a história política no Ocidente é diferente da história política no Oriente. Para empreender o desenvolvimento desses conceitos, transformou sociedades ocidentais e orientais em construções histórico-políticas (e não geográficas). Ele próprio adverte que esses dois modelos políticos, ao ser aplicados, não dispensam "misturas".

Reduzido à impotência e não dispondo de instrumentos para sua pesquisa, disse certa vez à sua cunhada que, no meio de conflitos fugazes, pretendia escrever alguma coisa *für ewig*, quer dizer, *para sempre*, em contraponto com o dia a dia. Ele próprio fala da opção metodológica por um "historicismo absoluto" como maneira de aprofundar sua relação com um tempo humano.

Havia na Europa, naquela época, uma corrente conservadora de pensamento que se autointitulava "historicismo". O historicismo gramsciano seguia outro caminho. Quando Gramsci sustentava que tudo era história, empenhava-se em remover fórmulas explicativas que deslocavam o objeto da pesquisa para qualquer elemento de uma história que não modificava a realidade. As massas populares, segundo ele, podiam se equivocar, mas buscavam referências confiáveis, que lhes permitiriam fazer mudanças significativas.

As sociedades, que vinham se constituindo e sendo substituídas ao longo de um processo complexo, podiam ser transformadas por dois tipos de conflito: a "guerra de posições" e a "guerra de movimentos". Em ambas, podia-se perceber sua vulnerabilidade. Na concepção da história de Gramsci, as instituições são condicionadas, mas não garantem sua subsistência. O campeão da teoria da guerra de movimentos era Trotski; nesse ponto, contudo, a posição de Lenin, mais flexível, foi a adotada na revolução bolchevique.

---

[2] Laurana Lajolo, *Antonio Gramsci* (São Paulo, Brasiliense, 1982).

Gramsci estudou com afinco a revolução leninista e era ele próprio um admirador de Lenin. Para ele, a revolução bolchevique era um caso emblemático de "guerra de movimento" e a Rússia de 1917 era "Oriente".

Muito da confusão dos conceitos gramscianos deriva da forma que o autor foi obrigado a adotar quando escreveu seus textos: são fragmentários e redigidos com alguma prudência, pois podiam ser confiscados pelos carcereiros.

O "homem do povo" – a que o filósofo se refere numa passagem muito citada dos *Cadernos* – tem sua maneira própria de interpretar amplos movimentos sociais e, eventualmente, guerras. Um dos riscos mais graves para os conservadores está na subestimação de seus adversários e na suposição de que os homens do povo não têm pensamento próprio.

De fato, o homem do povo sabe que, ao se defrontar com um interlocutor "culto", perderá na discussão e será derrotado. Caso enfrentasse o adversário, no entanto, seria possível verificar que não teria obrigatoriamente de mudar sua posição intelectual. Ele tem consciência de que não é capaz de desenvolver suas razões, como o adversário faz com as dele, mas em seu grupo existe quem possa fazer isso; ele não se recorda exatamente das razões apresentadas e não saberia repeti-las e argumentar, mas sabe que elas existem e o fato de ter sido convencido uma vez, de forma fulminante, é a razão da permanência de sua convicção[3].

O importante na análise dessas contradições explosivas propiciadas pela guerra está na capacidade dos que desejam subir ao poder e nele se manter. O dominador militar não tem a mesma segurança da direção de um partido rebelde capaz de, antes mesmo de conquistar algum poder, exercer a hegemonia. A hegemonia tem exigências fundamentais para os que ambicionam exercê-la. Reduzido à coerção, nenhum grupo conseguirá consolidar seu poder. A classe dominante tem sobrevivido e mantido a exploração e a opressão dos trabalhadores porque consegue neutralizar algumas áreas importantes do campo de batalha da cultura e, com isso, manter a hegemonia.

Gramsci é, entre os marxistas, aquele cuja perspectiva recebeu estímulos mais poderosos na orientação de travar combates no campo cultural. A cultura

---

[3] Antonio Gramsci, *Cadernos do cárcere*, cit., p. 109.

era decisiva na guerra das classes. Mas tinha também compromissos com o desafio de municiar os intelectuais, incorporando-os a correntes sociais.

Para Gramsci, a função dos intelectuais exigia atenção especial. Ele os dividia em dois tipos: o intelectual tradicional, ligado a instituições herdadas e não criadas pelo capitalismo, por exemplo a Igreja e o sistema escolar (são, portanto, intelectuais tradicionais os padres e os professores); e o intelectual orgânico, ligado a instituições criadas pelas classes fundamentais do capitalismo, o proletariado e a burguesia.

Os intelectuais, de acordo com Gramsci, têm uma função que os torna necessários no uso das representações ideológicas. Ele emprega o conceito de ideologia mais de acordo com Lenin do que com Marx. Em Marx, a ideologia é sempre negativa e atua na distorção do conhecimento. Em Gramsci e em Lenin, a ideologia é tendencialmente maléfica, porém pode, em situações excepcionais, ter um desempenho histórico progressista. Pode-se observar esse fenômeno em movimentos populares, em cuja consciência – mesmo com as distorções ideológicas – existe abertura para o real e disposição de transformá-lo.

Gramsci usou mais de uma vez um par de conceitos que lhe permitiu obter resultados muito interessantes no exame crítico de construções teóricas preconceituosas. Ele distinguia o *senso comum* do *bom-senso*. O senso comum encampa a concepção da vida e a moral difusa; não é rígido nem imóvel, porém se transforma continuamente, procurando absorver noções recém-difundidas. Gramsci enxerga no senso comum elementos de verdade, mas caracteriza-o como "filosofia dos não filósofos"[4]. O bom-senso seria o elemento mais dinâmico do próprio senso comum. Gramsci registra o fato de que o bom-senso é comparado pelo escritor Alessandro Manzoni (1785-1873) à razão. Curiosamente, essa visão de Manzoni nos faz pensar na concepção que o filósofo Hegel tinha da razão: a razão "astuciosa".

Dizia Gramsci que os católicos cultivavam os aspectos mais limitados e preconceituosos do senso comum, por conseguinte cabia à filosofia da práxis, com a ajuda do bom-senso, combater esses pontos estreitos e não criativos do senso comum

---

[4] Ibidem, p. 173 e 1045.

Essa é uma das principais manobras que o pensamento chega a realizar contra si mesmo, o que pode ser constatado no plano social ou no plano individual. Historicamente, as pessoas podem se pôr em movimento em função de motivações que variam enormemente. Gramsci adverte para o fato de que, dependendo das condições históricas da luta, é possível ao historiador se defrontar com um movimento de aparente revolução, num processo para o qual os intelectuais acenam, imprimindo-lhe o conceito de revolução de cima para baixo, isto é, revolução/restauração ou "revolução passiva".

No plano individual, encontra-se uma variante comum às sofisticadas manobras falsificadoras. Especial interesse têm para seus leitores as observações de Gramsci sobre a política. Para ele, todos nós vivemos imersos num nível de atividade em que nos mobilizamos na defesa de nossos pequenos interesses, somos até capazes de pequenas valentias, mas não conseguimos nos elevar autocriticamente ao pensamento que se impõe à passagem da política amesquinhada (que ele chama de "pequena política") à "grande política" (que faz de nós genuinamente cidadãos).

Outro conceito básico no pensamento de Gramsci é o de "nacional-popular". O pensador constata que a intelectualidade italiana da época do fascismo não mostrava em suas obras e em suas atividades as características de um enraizamento efetivo da cultura, tal como precisava atuar para se tornar fecunda. Para ele, era imprescindível que a cultura italiana superasse o diletantismo, sem deixar de atender às demandas reconhecidas pelo pensamento crítico.

Gramsci não se contentava com resultados já alcançados. Para ele, a produção cultural italiana era deficiente. Como crítico literário (frequentou o curso de Linguística), comentou a obra de Dante e conhecia os autores mais significativos da literatura europeia: Balzac, Shakespeare, Charles Dickens (1812-1870), Dostoiévski. Em contraposição, teceu comentários extremamente críticos sobre a produção de autores menores. Sua crítica era cuidadosa no trato com os autores reconhecidamente notáveis, porém era cáustica quando lidava com falsos valores, como o padre jesuíta Antonio Bresciani (1798-1862) e Alfredo Panzini (1863-1939).

Um dos autores que Gramsci leu com atenção e perspicácia foi Nicolau Maquiavel (1469-1527). A seu ver, este não se deixava envolver pelo "maquiavelismo" e contribuía de modo muito positivo para que o espaço da política fosse reconhecido tal como verdadeiramente era e não cedesse terreno à retórica "moralista". Segundo ele, Maquiavel deveria ser considerado pioneiro no estudo da política, tal como ela se realiza e, ao mesmo tempo, se disfarça.

Em Gramsci, num dos momentos mais penosos da história do socialismo, são formulados conceitos, ideias e teorias que contribuíram muito para que seus companheiros renovassem o arsenal revolucionário que pretendiam desenvolver. Na época, a ojeriza ao socialismo cultivada pelos liberais conservadores levou grandes líderes reacionários a apoiar o *duce* (Winston Churchill (1874-1965) disse que, se fosse italiano, seguiria Mussolini).

Uma das vigas mestras do historicismo em Gramsci é o compromisso de pensar na história tudo aquilo que existe se modificando; a percepção da realidade presente pode ser transformada em uma realidade de seres estáticos, "congelados", que não são tão reais quanto desejamos, já que permanecem artificialmente cultivando as imagens do presente. Para ele, o conhecimento provém de um movimento que já é passado e atravessa o presente na direção do futuro. Essa superação não se dá completamente, sua consciência pode ser vista na expectativa que os seres humanos cultivam de interferir nas coisas presentes e ir além do futuro reduzido a prognósticos inócuos. A previsão, conforme escreveu o filósofo, não examina criticamente seu caráter. "Quem prevê na realidade tem um 'programa' que quer ver triunfar."[5]

Por que as pessoas enganam uma as outras e a si mesmas? Gramsci lembra que há uma pergunta anterior que se impõe a qualquer espírito filosófico: o que é o ser humano? Qualquer resposta que pretenda se apoiar num conhecimento da história falha na tarefa que lhe é atribuída. O impasse é simples. Ou o sujeito, em face da história, pretende dominá-la, ou o sujeito, dominado pela história, vira escravo dela. Gramsci manteve ao longo de quase toda a vida, inclusive nos anos de cárcere, uma intensa atividade crítica, como se vê nos *Cadernos*. Não lhe faltava humor. Ele criou, a partir da influência de um sujeito real, o padre Bresciani, uma doutrina inventada, uma escola especializada em publicar tolices: o brescianismo.

A solução proposta por Gramsci é que o sujeito é dominado pela história, mas tem em si o poder intrínseco de se realizar na ação e no conhecimento, e até de se reinventar através da ação transformadora. A única resposta compatível com o horizonte do marxismo é precisamente esta: nós podemos nos inventar.

---

[5] Ibidem, v. 3, p. 342.

Gramsci opinou a respeito das paixões desencadeadas e da violência cultivada por algumas divergências que circulavam nos ambientes da esquerda. Em certos processos, discutia-se muito e acenava-se com advertências, debates acalorados, insultos, agressões e até assassinatos (caso de Trotski). Nosso filósofo procurou intervir, respeitando a diversidade de opiniões, na medida em que isso era possível.

Alertou seus companheiros para a conveniência de não imitarem, na busca do conhecimento, os procedimentos dos encontros políticos. Disse que num debate entre companheiros não havia sentido em designar alguns rebeldes como acusados nem em escolher alguém para atuar como "promotor", encarregado de demonstrar que os réus eram culpados e deveriam ser excluídos da circulação.

A moral agradece, penhorada. Neste nosso mundo, ela anda sendo muito maltratada. Qualquer descuido pode nos levar, por melhores que sejam nossas intenções, à demagogia moralista. Os valores morais que existem em todas as sociedades são defendidos pelo grupo e redefinidos pela pessoa. A política, com sua "objetividade", exige menos do julgador.

A abordagem de valores estéticos por Gramsci não tinha a feição de uma deserção, mas a função de corresponder à beleza, à generosidade e às qualidades sensíveis dos seres humanos em geral. Ele atribuía grande importância às artes, lia ensaios e romances com voracidade. Confiava na abertura do homem comum para, assimilando criações artísticas, vê-lo crescer.

Sua confiança na capacidade de assimilação dos homens do povo levou-o a escrever que os conservadores não enxergavam as potencialidades de um público consumidor popular, por isso diziam que elas não existiam. Os intelectuais, sobretudo aqueles que Gramsci designa como intelectuais tradicionais – acostumados a constituir grupos *sui generis* –, não se acostumavam facilmente com o fato de que os homens do povo pudessem pensar por conta própria.

Gramsci mostrou que camponeses (proprietários rurais de classe média), industriais, trabalhadores e velhos escritores reagiam de maneira diversa ao desenvolvimento do capitalismo.

A questão abordada por Gramsci está ligada às páginas que escreveu sobre a questão meridional, quer dizer, os problemas que apareciam no sul da Itália, decorrentes da extrema desigualdade social e de uma reiteração empobrecedora, bem pouco dinâmica, que prevalecia na percepção dos movimentos culturais.

Os intelectuais são um extrato social comprometido com eventuais discursos legitimadores das mudanças, mas também com a prática efetiva das transformações políticas que escapavam ao controle das classes dominantes.

Um dos poucos intelectuais liberais que Gramsci respeitava era Benedetto Croce (1866-1952). Nos *Cadernos do cárcere*, avaliou positivamente a cobrança que ele fizera às organizações de massa para que se constituíssem em termos pragmáticos, ganhando dinheiro. Percebendo que alguns sacerdotes vacilavam em relação ao custo da aquisição de máquinas, Croce convencera-os a mudar de posição e modernizar-se.

Na posição assumida pelas classes dominantes, Gramsci entende que – mesmo quando se trata de um grupo de intelectuais tradicionais e de ideias conservadoras – a perspectiva da direita pode se revestir de um manto "progressista". E, nessas condições, não haveria inconveniente para a esquerda em combinar novas táticas e renovar sua estratégia.

De todos os marxistas que pretenderam conciliar a absoluta liberdade de um pensamento crítico e o engajamento efetivo, confirmado sempre em sua inspiração combativa e em sua fidelidade a Marx, Gramsci é provavelmente o mais fascinante.

Heinrich Heine visitando Karl Marx e Jenny von Westphalen em Paris, 1844.
Ilustração de Nikolai Zhukov, 1968.

terceira parte

O MARXISMO NO BRASIL

O escritor Machado de Assis, em desenho de Cássio Loredano.

OS MARXISTAS BRASILEIROS: PRIMEIROS MILITANTES

Num trabalho que pretende ser uma contribuição ao estudo da história do marxismo brasileiro, é necessário evitar que se reconheça uma "linha justa", uma doutrina "certa", detentora exclusiva da verdade, em face da qual todas as demais interpretações sejam tidas como "desvios".

Uma abordagem "historicista" (no sentido gramsciano da palavra) não estabelece nenhum paralelo entre as correntes que competem na cultura e disputam a hegemonia no pensamento. Umas são certamente melhores, mais fecundas do que as outras. Tais correntes têm contribuições desiguais, mas é no conjunto que desempenham um papel decisivo.

Para poder fecundar a cultura de uma sociedade como a brasileira, os marxistas das diversas tendências sabem que precisam "calçar" os movimentos econômicos, políticos e sociais, assim como precisam contar com convicções claras e combativas, com projetos convincentes e níveis de organização minimamente satisfatórios. Precisam dispor de determinados "portadores materiais" para a revitalização do pensamento.

Nos acanhados limites em que viviam no Brasil do fim do Império e início da República, os trabalhadores da indústria (uma indústria bastante rudimentar) compunham um quadro nada animador para a "aplicação" das ideias de Marx.

O movimento operário europeu despertava curiosidade e simpatia, mas as experiências por ele vividas eram vistas como realidades estranhas. Aqui, convém lembrar, as teorias transplantadas da Europa conviviam cotidianamente com a escravidão. A literatura brasileira tem posto a nu os mecanismos antidemocráticos que vê; e, recriando-os no imaginário, desmascara-os. Alguns intelectuais conservadores, contudo, vêm há muito tempo viabilizando o funcionamento de sistemas baseados na desigualdade social, na preservação de privilégios, na exploração do trabalho e na repressão aos movimentos de massas.

Como se não bastassem as dificuldades que o marxismo brasileiro enfrenta como marxismo, percebe-se que ele é confrontado com dificuldades talvez ainda maiores como marxismo brasileiro.

Para enfrentar essas últimas dificuldades, entretanto, precisamos reconhecer que, antes da chegada ao Brasil das ideias marxistas, já se encontravam na cultura brasileira preciosas contribuições ao aprofundamento de uma visão crítica de nossa sociedade. E nossa literatura, sem depender do que o marxismo tinha a lhe oferecer (mas eventualmente aproveitando lucidamente algumas ofertas), estimulou muito, ao longo do século XX, o marxismo brasileiro. Um marxista brasileiro, desde que não seja muito preconceituoso, tem muito a aprender com Machado de Assis (1839-1908) e Lima Barreto (1881-1922), além de Graciliano Ramos (1892-1953) e Guimarães Rosa (1908-1967).

Na Argentina e no Uruguai, graças a níveis de industrialização menos limitados que os do Brasil, os emigrantes politizados conseguiram resultados melhores que os nossos na difusão das concepções socialistas. Essa difusão, entretanto, não evitou a proliferação de mal-entendidos na interpretação de Marx.

Na Argentina, o médico Juan Bautista Justo (1865-1928), filho de italianos, traduziu o primeiro volume de *O capital*, mas não entendeu a teoria da mais-valia, reduzindo-a a uma "engenhosa alegoria". Já seu sucessor na direção do recém-fundado Partido Socialista Argentino, Nicolás Repetto (1871-1965), propunha que os socialistas argentinos fizessem da luta de classes uma "força positiva".

O esforço da busca de caminhos práticos e teóricos levava a resultados interessantes (a defesa de uma perspectiva resolutamente "latino-americanista" por Manuel Ugarte (1875-1951), por exemplo), mas às vezes resultava em capitulações penosas e frustrações patéticas, como se viu no caso de dois intelectuais importantes: Leopoldo Lugones (1874-1938) e José Ingenieros (1877-1925).

Em 1903, Lugones se afastou do socialismo e aceitou um bem remunerado encargo ministerial para estudar ruínas jesuíticas. E Ingenieros, no mesmo ano, declarou que estava saindo da relação com a multidão porque a multidão não compreendia a beleza, não sentia a vida, não era "viril", "altiva".

A situação das ideias socialistas no Brasil era pior que na Argentina, onde havia um Partido Socialista, núcleos organizados de pessoas que se sentiam ligadas à Associação Internacional dos Trabalhadores (a chamada Segunda Internacional, fundada em 1892). No Brasil, foram feitas tentativas de fundação de partidos socialistas, porém elas não vingaram.

Sob o impacto da Comuna de Paris (1871), o deputado pernambucano Machado Freire Pereira da Silva (1832-1910) alertou seus colegas para o perigo que os comunistas representavam, já que o comunismo era o "cancro do mundo moderno". O ministro dos Negócios Estrangeiros Manoel Francisco Correia (1831-1905) assegurou aos parlamentares que, se algum participante da comuna buscasse asilo no Brasil, seria imediatamente preso e extraditado.

O nome de Marx aparece nos escritos de diversos intelectuais brasileiros do fim do século XIX. Nos termos em que é mencionado, entretanto, pode-se inferir que em geral eles não o leram. Tobias Barreto (1839-1889) teve acesso a alguns textos de Marx, porém o mesmo não se pode dizer de Rui Barbosa (1849-1923), Clóvis Bevilacqua (1859-1944), Sílvio Romero (1851-1914), Farias Brito (1862-1917) e Eugênio de Barros Raja Gabaglia (1862-1919), que se referem – com frequência, mais de uma vez – ao teórico socialista atribuindo-lhe ideias que não correspondiam a seu pensamento.

A reação mais divertida da intelectualidade brasileira ao já citado, mas ainda não lido, Marx foi a do nosso genial Machado de Assis. Numa crônica de 1885, Machado inventou um socialista russo chamado Petroff, que estava no Brasil e enviaria um relatório de suas atividades para o Centro do Socialismo Universal, sediado em Genebra.

O recém-chegado Petroff havia aprendido um pouco de português durante a viagem de navio, mas estava longe de dominar o idioma. Por isso, confundiu uma associação recreativa com uma sociedade socialista, e uma reunião festiva com um encontro de correligionários seus. À meia-noite, subiu numa mesa e fez um discurso veemente, citando August Bebel (1840-1913), Étienne Cabet (1788-1856), Proudhon e "nosso incomparável Karl Marx", conforme seu relatório. Foi aplaudido com entusiasmo. E, para culminar a série de mal-entendidos, confundiu o grito carnavalesco "ué, ué, Catu" com o brado revolucionário "morte aos tiranos!".

Machado de Assis era, notoriamente, um grande cético. Não era socialista nem sequer levava o socialismo a sério. Havia, porém, em sua atitude em face dos socialistas brasileiros, uma inclinação à tolerância bem-humorada. Podemos encontrar uma sintomática coincidência na reação de Engels quando Kautsky lhe mandou o programa de um dos partidos que os socialistas brasileiros tentaram fundar.

Engels, que entendia português, respondeu com humor a Kautsky, em carta datada de 26 de janeiro de 1893: "A importância desses partidos sul-americanos está sempre em relação inversa à retumbância de seus programas"[1].

A articulação de grupos de socialistas brasileiros com a Segunda Internacional não chegou jamais a atingir o nível a que chegou, nesse período, a Argentina. Havia, contudo, um entrosamento incipiente entre os escassos adeptos da proposta socialista e a Segunda Internacional. E, mesmo sendo incipiente, estimulava a busca dos caminhos que deveriam unir teoria e prática. Entre os adeptos, alguns nomes não podem deixar de ser lembrados. Por exemplo, Silvério Fontes (1858-1928), médico sergipano, considerado por Astrojildo Pereira (1890--1965) "o primeiro socialista brasileiro de tendência marxista" e autêntico "pioneiro do marxismo no Brasil". Liderou o Centro Socialista de Santos, ao qual pertenciam Sóter de Araújo (1853-1924) e Carlos de Escobar.

Outro nome que deve ser lembrado é o do professor Antonio Piccarolo (1863-1947), que chegou ao Brasil em 1904 e se empenhou na criação do Centro Socialista Paulistano. No manifesto que escreveu e publicou em 1908, mostrou-se chocado com a "confusão" que encontrou aqui, e concluiu: "O brasileiro é um mestiço físico e moral".

Em Recife, o tipógrafo João Ezequiel de Oliveira Luz (1869-1922), que depois se tornou jornalista e colaborador do jornal *Aurora Social*, saudou Marx com arrebatamento retórico em dezembro de 1901: "O herói querido, que dorme o derradeiro sono, enquanto sua alma límpida, feita de luz e de amor, ilumina nossos passos, na longa trajetória de nossos ideais". Outro colaborador do *Aurora Social*, Mariano Garcia, foi operário numa fábrica de cigarros e era chamado por João Ezequiel de "adorável apóstolo do ideal brilhante de Marx".

Seria uma grave perda para nossa consciência histórica se ficassem esquecidos nomes como o do professor de latim Vicente de Souza, o do marceneiro Pascoal Arteze e o de Vicente Avellar, Estevam Estrella e Alcibiade Bertolotti. Esse grupo, que podemos chamar de social-democrata, enfrentava todo um movimento – às vezes confuso, mas arguto, combativo e com frequência generoso – integrado por anarquistas, anarcossindicalistas, socialistas libertários e agitadores que denunciavam a política e exerciam uma sensível influência so-

---

[1] Citado por José Arico, *Marx e a América Latina* (Rio de Janeiro, Paz e Terra, 1982).

bre trabalhadores brasileiros radicais e emigrados provenientes de Portugal, Itália e Espanha, no período que se estendeu aproximadamente de 1880 a 1920.

Já a galeria de anarquistas conta com a presença de grande variedade de polemistas. Entre os nomes que ocorrem de imediato ao pesquisador estão Edgard Leuenroth (1881-1968) (jornalista e editor de *A Plebe*), Everardo Dias (1883-1966), Neno Vasco (1878-1923) (autor da letra em português da *Internacional*), Florentino de Carvalho (1889-1947), Fábio Luz (1865-1938) (médico e escritor), José Oiticica (1882-1957) (escritor e professor de português), Astrojildo Pereira (que depois veio a ser um dos fundadores do Partido Comunista do Brasil), Manoel Moscoso, Ricardo Cipolla, Cecílio Vilar, Rodolfo Felipe, Rafael Fernandes, José Romero, Benjamin Motta, Avelino Foscolo (1864-1944) (romancista), Ricardo Gonçalves (1893-1916) (poeta), Motta Assunção (condutor de bonde), Manoel Curvelo de Mendonça (1870-1914) (romancista), Antônio Bernardo Canellas (1898-1936), Octávio Brandão (1896-1980) (farmacêutico e escritor) e Maria Lacerda de Moura (1887-1945).

Grandes intelectuais brasileiros foram tocados, naquele momento, pelas ideias dos sociais-democratas e dos anarquistas. E fizeram escolhas diversas. Em Lima Barreto, predominou a influência do socialismo libertário. O rebelde plebeu foi coerente ao se inclinar à opção rebelde (e, no mais das vezes, contestadoramente plebeia) dos anarcossindicalistas.

Já em Euclides da Cunha (1866-1909) prevaleceu, nos quatro primeiros anos do século XX, a perspectiva social-democrática – à qual ele não aderiu, afinal. Não deixa de ser impressionante o fato de ter feito uma exposição tão clara e bem articulada da perspectiva de Marx num artigo intitulado "Um velho problema", escrito em 1904 e incluído em *Contrastes e confrontos**.

Curioso é o caso de Antônio Evaristo de Moraes (1871-1939), que reuniu num livro de 1905, *Apontamentos de direito operário*, artigos publicados no *Correio da Manhã*, mostrando-se bastante identificado com uma linha não marxista do movimento socialista: o "possibilismo", do francês Benoît Malon (1841-1893).

Que conclusões poderíamos extrair do que foi exposto e relatado? Dois riscos opostos, em princípio, deveriam ser evitados: o de uma exaltação acrítica

---

* Rio de Janeiro, Ludens, 2009. (N. E.)

dos revolucionários, em nome da admiração que nos inspiram e da paixão que puseram na dedicação a seus ideais; e o de uma desqualificação destrutiva dos personagens de nossa história, um desprezo pernóstico pelo que pensaram e fizeram (e que não pode ser avaliado exclusivamente em termos comparáveis à ação e à reflexão dos revolucionários "clássicos" europeus).

O marxismo brasileiro nasceu enfrentando os desafios do marxismo em geral. Cabe-lhe pensar o mundo, a sociedade e a si mesmo. Cabe-lhe esforçar-se ao máximo, como filosofia, para compreender criticamente, na realidade humana, o universal e as particularidades. Se o marxismo brasileiro renunciar à universalidade, estará renunciando tanto a ser marxismo como a ser brasileiro. Entretanto, para dar conta de seu conteúdo significativo concreto, o universal precisa se abrir sempre para o reconhecimento incansável das particularidades e singularidades que o recheiam.

O que confere à expressão *marxismo brasileiro* seu pleno sentido é que ela designa o marxismo tal como vem sendo pensado no Brasil, "aplicado" à nossa sociedade e "surgido" dela; mas também procura dar conta – sem abandonar jamais o compromisso com questões situadas no nível da universalidade – dos traços "diferentes", das inflexões inéditas e das entonações singulares de seu discurso. Quer dizer, procura dar conta de uma certa originalidade em sua maneira de viver e desenvolver a teoria. Então, ele se concebe não só como conhecimento e ação transformadora, mas também como parte de sua intervenção peculiar na história do marxismo no mundo e como parte de sua intervenção peculiar na cultura brasileira.

As ideias dos marxistas brasileiros se desenvolveram – e continuam a se desenvolver – em um movimento extremamente complexo, cujo quadro de referências inclui Marx e Engels, mas também Lenin, Stalin, Trotski, Lukács, Gramsci e Rosa Luxemburgo. Inclui também a Revolução Francesa, a Revolução Industrial, a Revolução Norte-Americana, a Revolução Russa (Soviética), a Revolução Mexicana e a Revolução Cubana. E inclui ainda sistemas de pensamento e de ação marcados por um combate implacável contra o socialismo, o liberalismo, o fascismo e o nazismo.

É imprescindível compreendermos a força dos limites que estão postos ao longo de nossa caminhada, desde o começo, para não cobrarmos de nós mesmos coisas que vão além deles. Ao mesmo tempo, contudo, não podemos nos resignar: precisamos cobrar de nossa atividade política e de nosso trabalho teórico (da investigação filosófica do que é essencial em nossa realidade) que o nosso marxismo supere constantemente a si mesmo, num diálogo com seu passado, com seus críticos e com a instância em que discute o que ele é e o que pode – concretamente – vir a ser.

Quando uma criança nasce, o que podemos saber sobre seu futuro? Ao ver o bebê chorando, ensanguentado, com o cordão umbilical cortado, o que podemos dizer sobre sua personalidade? Vamos ter de limpá-lo, vesti-lo, alimentá-lo, educá-lo e esperar vários anos para ver o que ele se tornará (quer dizer, o que ele é). Com o marxismo brasileiro, o processo talvez venha a ser mais demorado. O marxismo brasileiro, cuja gênese procuramos reconstituir, tem – para o bem ou para o mal – um vínculo (de natureza não definida) com o humor de Machado de Assis, uma ligação (mal-esclarecida) com o plebeísmo inconformista de Lima Barreto. Tem tendência à dispersão, a crises "macunaímicas". O que vai prevalecer, afinal?

Se o sentido da história não está predeterminado, se o processo depende de condições objetivas, mas também de iniciativas subjetivas, a resposta a essa pergunta depende de nós.

Propaganda anticomunista parodia a história de Chapeuzinho Vermelho. O Lobo Mau usa um chapéu com a inscrição "Socialismo" e carrega no bolso o livro *Progresso e pobreza*, de Henry George. Ilustração de Sir John Tenniel, 26 jan. 1884.

Abaixo da imagem, lê-se:

A VELHA HISTÓRIA
Chapeuzinho Vermelho: "Que olhos grandes você tem!"
O Lobo: "É para te ver melhor, minha querida!"
Ela: "Que língua maravilhosa você tem!"
Ele: "É para te persuadir melhor, minha querida!"
Ela: "Mas que dentes grandes você tem!!!"
Ele: "Nham! Nham!" (para si mesmo) "É para te comer melhor, minha querida!"

A FALA DA DIREITA NO BRASIL: DE 1936 A 1944

Por ocasião da tentativa revolucionária de novembro de 1935 – a "Intentona" –, a direita já havia assegurado sua hegemonia na vida política brasileira. A burguesia, assustada, era atraída para uma política ferozmente anticomunista. O socialismo era encarado como uma heresia nos tempos da Inquisição.

O mundo, nervoso, pressentia o início da Segunda Guerra Mundial. Na França e na Espanha, a política da Frente Popular, que visava promover a ampla união das forças democráticas contra o fascismo, ainda conseguiu alguns êxitos. No Brasil, entretanto, essa linha havia sido aplicada de maneira estreita e, na segunda metade de 1935, antes mesmo da "Intentona", já estava derrotada.

Seguindo seu impulso natural para se expandir, a repressão ao levante de 1935 atingiu intelectuais de escassa ou nenhuma ligação com o movimento. Muitos foram presos unicamente por ter ideias de esquerda e, depois de um ou dois anos, foram soltos por falta de provas.

Entre os presos, estavam quatro professores da Faculdade de Direito da Universidade do Rio de Janeiro: Castro Rebelo, Luiz Carpenter (1876-1957), Leônidas de Resende (1889-1950) e Hermes Lima (1902-1978). No livro que escreveu sobre o pai, Alzira Vargas do Amaral Peixoto (1914-1992) diz que, interessada pelo destino dos professores, interpelou Getúlio Vargas (1882-1954) e este lhe disse que a prisão havia sido exigida pelos chefes militares.

Outros intelectuais também foram presos: Graciliano Ramos, Eneida de Moraes (1904-1971), Maurício de Lacerda (1888-1959), Barreto Leite, Aparício Torelly (1895-1971), Pascoal Leme (1904-1997), Campos da Paz (1850--1888), Edgar Sussekind de Mendonça (1896-1958), Eugênia Álvaro Moreira (1898-1948) etc.

Acusado de manter vínculos com os revoltosos, o então prefeito do Rio, Pedro Ernesto Batista (1884-1942), foi igualmente preso. O senador Abel Chermont (1887-1962) e os deputados Otávio da Silveira, João Mangabeira e Domingo Velasco protestaram contra a violência policial e acabaram detidos.

Graciliano Ramos fixou suas recordações dessa época num livro de grande valor histórico e literário: *Memórias do cárcere**. Entre as pessoas submetidas ao pesadelo da prisão absurda, Graciliano recorda Rafael Kampra, trotskista, caucasiano, conhecido com Sérgio, e o gigante Valdemar Birinyi, húngaro, colecionador de selos que, segundo dizia, tinha sido oficial de Béla Kun. Sobretudo por serem estrangeiros, passaram por maus momentos. O primeiro teve os pés deformados pelas torturas; o segundo tentou se suicidar cortando os pulsos. Também o alemão Arthur Ewert (1891-1959), que usava o pseudônimo de Harry Berger, foi submetido a torturas que o fizeram enlouquecer. Na época em que se desencadeava a violência contra os presos, Getúlio Vargas, num discurso de 10 de maio de 1936, disse: "Posso afirmar-vos que, até agora, todos os detidos são tratados com benignidade".

Tinha-se a impressão de que em 1936 o Brasil estava se transformando numa imensa prisão. Vargas preparava o golpe que, em novembro de 1937, haveria de extinguir o que restava das liberdades democráticas no país.

Suprimido o direito do marxismo de se expressar, o antimarxismo ficou sem interlocutor e decaiu muito: reduziu-se à propaganda de baixa qualidade e à indigência teórica. Confortada pelos êxitos da política agressiva de Hitler e Mussolini, bem como pela revolta de Francisco Franco (1892-1975) contra a República espanhola, a direita brasileira mostrava-se arrogante e simplista.

Para que os leitores possam avaliar o conflito e formular críticas às concepções de ambos os lados, levando em conta os termos do debate e a truculência do contraste, transcrevo a seguir as formulações da direita que reuni numa pesquisa feita há algum tempo.

Carlos Maul (1889-1973) publicou um livro intitulado *Nacionalismo e comunismo***, no qual preconizava a utilização do nacionalismo contra o marxismo. E apontava os exemplos, "todos dignos de imitação", da Itália de Benito Mussolini, da Alemanha de Adolf Hitler e de Portugal de António de Oliveira Salazar (1889-1970).

Ramos de Oliveira, em *Aspectos sociais sob dois prismas****, compara o marxismo ao catolicismo e conclui pela óbvia superioridade do segundo, uma vez

---

* Rio de Janeiro, Record, 2008. (N. E.)
** Rio de Janeiro, Baptista de Souza, 1936. (N. E.)
*** São Paulo, Revista dos Tribunais, 1936. (N. E.)

que o primeiro foi elaborado por um homem (Karl Marx) "absolutamente inapto para ganhar a vida" e levado à prática por outro (Lenin) que "não era muito dedicado ao trabalho".

Um livrinho publicado no final de 1936 pelo comendador José Lopes da Silva, vice-cônsul do Brasil em São Vicente de Cabo Verde, foi dedicado à guerra civil na Espanha. Seu título já é sugestivo: *Vandalismo hispano-russo: o pandemônio comunista*. Nele o autor adverte:

> Estão em luta duas ideias político-sociais, opostas, duas místicas absolutamente contrárias. De um lado, o bolchevismo aniquilador; do outro, o conservatismo progressivo, defensor do nacionalismo e dos tesouros inapreciáveis da civilização ocidental. Não há meio-termo.

Também o jornalista Soares D'Azevedo traz aos brasileiros seu testemunho a respeito dos acontecimentos na península ibérica em *Espanha em sangue*. Segundo ele, Isidora Dolores Ibárruri Gómez (1895-1989) falava nos comícios prometendo aos soldados da República que iriam lutar contra os falangistas: "*Muchachos*, quando regressardes, tereis a vossa disposição as donzelas da aristocracia e da burguesia de Madri". As milicianas que defendiam a República, de acordo com o autor, andavam nuas da cintura para cima. Soares D'Azevedo não escondia suas convicções. Escreveu: "Uma ditadura fascista na Espanha, como a portuguesa, a alemã ou a italiana, evidentemente afastaria o fantasma bolchevista da Europa. E, nesse particular, é humano desejá-la"*.

Em 1937, Prado Ribeiro dedicou um livro ao problema do marxismo no Brasil intitulado *Que é o comunismo: o credo russo em face da atualidade brasileira*. Definindo o materialismo marxista, o autor explica: "Para o marxismo, o trabalho intelectual nada significa. De forma que cérebros privilegiados de um Goethe ou de um Gottfried Leibniz (1646-1716) valeriam menos que qualquer estivador ou fabricante de tamancos". Assim descrito, o marxismo lhe parece "ridículo, cômico e imbecil". E conclui: "Não conheço coisa mais frágil, mais discutível e até mais irracional do que os princípios econômicos de Karl Marx".

O livro de Prado Ribeiro é dos mais hostis ao marxismo; ele equipara o comunismo à rapina de Lampião (1898-1938), o cangaceiro. "Só os ignorantes e mistificadores propagam essas ideias fracassadas." De acordo com Prado Ri-

---

* Rio de Janeiro, Cruzada da Boa Imprensa, 1936. (N. E.)

beiro, o sistema de Marx foi aplicado na Rússia por Vladimir Ilitch Ulianov, conhecido por "essa palavra trágica e lúgubre: Lenin". A situação política e social da Rússia tornou-se muito pior do que era no tempo do czar. No final do livro, Prado Ribeiro defende a adesão ao integralismo, porque o acha mil vezes preferível ao comunismo.

As traduções na época eram muito deficientes. Um lançamento típico foi o da obra *A verdade e os erros do marxismo*, de autoria do mexicano Gonzalo Báez-Camargo (1899-1983), com pseudônimo de Gringoire. Depois de caracterizar o marxismo como uma modalidade de economicismo, o autor argumenta contra ele que a economia não é o único fator da vida e muito menos a causa de tudo.

Mais perturbadora tradução publicada nesse período foi lançada com o título de *O comunismo desmascarado**, de autoria do ministro da Propaganda do Terceiro Reich, Joseph Goebbels (1897-1945). Este escreveu que os liberais perdiam tempo odiando o nazismo e desviando a atenção do público do verdadeiro inimigo, que eram os judeus.

O tema ganhou importância em 1935 e 1936. O padre Afonso Maria, jesuíta, em um livro intitulado *A hipocrisia do comunismo*, levou ao paroxismo essa versão antissemita do antimarxismo. Escreveu: "Hoje, o judeu prepondera na Rússia; seu domínio é formidável; vive refestelado em culminâncias. Lenin era judeu; Trotski era judeu; Stalin era judeu". Trata-se de uma afirmação que acolhe informações absurdas. Lenin não era judeu; Trotski era judeu, mas não estava refestelado em culminância alguma e sim a caminho do México, onde logo seria assassinado por ordem de Stalin, que não era judeu.

No Brasil, o anticomunismo desempenhou papel decisivo no golpe de Estado de novembro de 1937, que criou o Estado Novo. Aproveitando o susto que a burguesia levara dois anos antes com a "Intentona", Vargas fechou o Congresso e outorgou à Nação uma Carta Constitucional modelada pela Constituição Fascista da Polônia – e por isso logo apelidada de "polaca". Um trabalho elaborado por um oficial que estava cursando a Escola do Estado Maior do Exército, e feito para responder à pergunta de como os comunistas tomariam o poder e governariam o país, foi utilizado pelos chefes mi-

---

* São Paulo, s.n., 1936. (N. E.)

litares como um documento comunista verdadeiro, que teria sido apreendido e revelaria um plano conspirativo para os bolcheviques dominarem o Brasil ("O plano Cohen"[1]).

No livro *O espírito da nova constituição**, Júlio Barata argumentou que o comunismo aparentemente havia sido derrotado em novembro de 1935, mas só aparentemente. Na realidade, o marxismo, infiltrado na cultura brasileira, continuava a exercer sua ação nefasta. Continuava presente, por exemplo, na literatura realista "populista", que "adestrava o pincel na reprodução das cenas dolorosas que a miséria provoca". E acrescentava: "Foram justamente as condições precárias de vida das chamadas classes desfavorecidas que forneceram aos comunistas material de propaganda na criminosa tarefa de empolgar as multidões para a adoção do credo vermelho".

Azevedo Amaral também se tornou um expoente da identificação do golpe de 1937 com seu anticomunismo. Em seu livro *O Estado autoritário e a realidade nacional***, assegurava que o marxismo estava morto, era "um fóssil sociológico". É difícil entender porque o "fóssil" assustava os escribas do Estado Novo, já que era problemático o temor a uma corrente de pensamento e de ação que estaria morta.

A ligação entre marxismo e judaísmo – sobre a qual Goebbels e o padre Afonso Maria tanto insistiram – foi também uma grande obsessão de Gustavo Barroso (1888-1959). No livro *Comunismo, cristianismo e corporativismo****, esse historiador afirmava sobre o marxismo o seguinte: "Seu motor infatigável é o judaísmo internacional"; Marx era "um judeu agitador", influenciado pelo "livro judaico *A essência do cristianismo*, de Feuerbach". Contemporâneo de Marx era "o judeu Chaim Bückeburg, conhecido nas letras mundiais como o poeta Heinrich Heine". A doutrina marxista foi posta em prática na Rússia com a ajuda do "judeu Leon Bronstein, vulgo Trotski". Marx havia antes exposto suas ideias em cartas "ao judeu Kugelman". Os primeiros membros da Terceira

---

[1] Marly de Almeida Gomes Vianna, *Revolucionários de 1935: sonho e realidade* (São Paulo, Expressão Popular, 2007).

* Rio de Janeiro, Mandareno & Molinari, 1938. (N. E.)

** Rio de Janeiro, José Olympio, 1938. (N. E.)

*** Rio de Janeiro, ABC, 1938. (N. E.)

Internacional "foram os judeus Axelrod, Zinoviev, Martov (ou Zederbaum)", entre outros. Por todas as suas deficiências judaicas, previa Gustavo Barroso, "o comunismo não pode e nem poderá alcançar seu intento, mesmo no campo puramente econômico". E isso porque os homens que dirigiam a Rússia eram estranhos aos verdadeiros interesses do país, pois eram "judeus sem pátria".

O senador cearense Valdemar Falcão (1895-1946) batia em outra tecla: o caráter anticientífico do marxismo. Em seu livro *Contra o comunismo anticristão* (1938), dizia o parlamentar: "O marxismo foge ao espírito da verdadeira investigação científica. O marxismo se opõe à ciência com seus dogmas pomposos, com suas imprecações ululantes, pregando a subversão da ordem social, esquecido de que isso totalmente aberra de uma boa tese científica". Nem por um momento ocorria ao senador a ideia de aprofundar sua crítica, discutindo a concepção marxista da ciência e da ideologia.

Quem se daria ao trabalho de, nas circunstâncias da época, discutir seriamente uma posição marxista? O marxismo era apresentado como uma aberração tão óbvia e tão grosseira que o mero fato de pretender estudá-lo com seriedade, ainda que fosse para combatê-lo, seria encarado como um procedimento suspeito.

Cleon de Leão escreveu um livro intitulado *Os dois mundos: o mundo de Cristo e o mundo do anti-Cristo**. Nele, a União Soviética era descrita como um mundo "rastejante e animalizado". E o autor, logo após citar Goebbels, acrescentava: "A Rússia é um país que se afunda cada vez mais e de maneira vertiginosa na decadência moral".

Naquele período histórico, sabe-se hoje que Stalin estava mergulhado na luta para implantar uma legislação familiar de cunho fortemente moralista. No entanto, apesar da onda moralista que varria a então União Soviética, o comunismo era caracterizado no Brasil como dissolutor da família.

Em *Origens e transformações do materialismo histórico***, de José Getúlio Monteiro Júnior, as ideias marxistas eram consideradas "bactérias" que os agentes da subversão tentavam em vão inocular nos países latino-americanos, nos quais nunca imperaram "antagonismos e ódios de classe".

---

* Rio de Janeiro, Serviço de Divulgação da Polícia Civil do Districto Federal, 1938. (N. E.)
** Rio de Janeiro, José Olympio, 1939. (N. E.)

O anticomunismo mais exasperado era, talvez, o do juiz Raul Machado, do Tribunal de Segurança Nacional. O magistrado publicou em 1940 um livrinho intitulado *A insídia comunista nas letras e nas artes no Brasil**, no qual vincula a arte moderna ao marxismo e defende a tese de que o modernismo "não passa de uma forma bolchevista da Arte". Na literatura, os escritores modernistas coniventes com o marxismo "investem contra as regras mais elementares da gramática, porque é preciso corromper a linguagem, nivelando-a, quanto possível, à das classes proletárias e incultas".

Tais escritores, afirma o juiz, servem-se do pretexto de estar construindo a "língua brasileira" para atingirem seus fins deletérios. A música também é atingida pela conspiração comuno-modernista, e o samba passa a ser nitidamente subversivo:

> A música se transformará em violência de ruídos visando também uma finalidade única, a negação da melodia, porque esta leva naturalmente a um estado de exaltação espiritual, incompatível com as tendências da doutrina materialista. O canto clássico e a coação sentimental são, pelos mesmos motivos, repudiados, fazendo-se a apologia do samba, porque seus temas são dissolventes da moral, a sua letra é a do homem do povo e a sua técnica, se existe, foge a qualquer preceito artístico de criação burguesa.

Para Raul Machado, até a pintura do Movimento Modernista participa de manobra: "A pintura ficou reduzida a verdadeiras criações teratológicas, porque é preciso nos irmos habituando, desde já, à glorificação do monstruoso".

Para dar uma ideia menos incompleta do ambiente em que se achava então o Brasil, poderíamos mencionar outras condições, tanto internas como internacionais. Aqui, o controle da imprensa pelo Departamento de Imprensa e Propaganda (DIP) era rigoroso. Os jornais e as revistas, sob a pressão do órgão, cantavam loas ao governo e procuravam cultivar um clima artificial de otimismo. *O Globo* de 3 de janeiro de 1939 prometia em manchete: "Acabarão as favelas no correr destes anos". E, externamente, havia notícias fragmentárias dos "expurgos" realizados na União Soviética, nos processos da segunda metade dos anos 1930. A execução de Zinoviev, Lev Kamenev (1883-1936), Georgi Piatakov (1890-1937), Leonid Serebriakov (1887-1937), Nikolai Krestinski (1883-1938),

---

* Rio de Janeiro, Imprensa Militar, 1941. (N. E.)

Bukharin, Mikhail Tukhatchevski (1893-1937) e o suicídio de Mikhail Tomski (1880-1936) e de Sergo Ordjonikidze (1886-1937) causavam consternação em círculos progressistas e liberais. Os comunistas, entretanto, procuravam relegar a tragédia a um segundo plano, apontando a necessidade de se unir contra o fascismo.

Em 1939, a República espanhola já estava derrotada. Os italianos, sob a direção de Mussolini, invadiram a Etiópia, e Hitler mandou suas tropas invadirem a Polônia. A situação era confusa. Inglaterra, França, Alemanha, Itália e União Soviética manobravam e faziam acordos de curta duração. No Brasil, alguns liberais convictos, como o socialista cristão Domingo Velasco, tentaram assumir uma postura moderada, mas foram estigmatizados tanto pela direita como pela esquerda.

Em 1940, os nazistas invadiram a Dinamarca, a Noruega, a Bélgica, a Holanda, a França e a Romênia. No primeiro semestre de 1941, invadiram a Bulgária, a Iugoslávia e a Grécia. Quando, porém, as tropas de Hitler tentaram invadir a União Soviética, cresceu muito o número dos que passaram a crer que o Exército nazista não era onipotente. Isso se refletiu em algumas mudanças – pequenas, mas significativas – na grande imprensa, que passou a enxergar aspectos interessantes na Rússia. A revista carioca *O Cruzeiro*, em 1944, descobriu que a cultura na União Soviética era "a mais bem amparada pelas autoridades governamentais". Outros órgãos de imprensa registraram as mudanças que ocorriam na China: na guerra contra o invasor japonês, o exército liderado por Mao Tsé-Tung (1893-1976) passara de 50 mil para 500 mil homens de 1939 a 1945. A China lutava pela liberdade.

Comentando as transformações que estavam acontecendo no movimento comunista e referindo-se ao assassinato de Trotski no México, o economista Eugênio Gudin viu, em *Para um mundo melhor** o fim do marxismo: "A Rússia soviética desmentiu Marx e Trotski foi o último marxista".

Em 1943, o clima político deu indícios de que uma mudança importante estava começando: os leitores passaram a encontrar nas livrarias volumes com títulos surpreendentes e temas explosivos. O editor Calvino Filho percebeu

---

* Rio de Janeiro, Civilização Brasileira, 1943.

que haviam surgido brechas no sistema de repressão e lançou livros como *O poder soviético*, do reverendo Hewlett Johnson (1874-1966); *A China luta pela liberdade*, de Anna Louise Strong (1885-1970); *O segredo da resistência russa*, de Maurice Hindus (1891-1969); e a reportagem clássica de John Reed (1887--1920), *Dez dias que abalaram o mundo*.

Diversos autores nacionais publicaram escritos que fortaleciam dessa tendência e tiveram boa acolhida da parte do público e da crítica. Leôncio Basbaum (1907-1969) publicou o livro *Fundamentos do materialismo**; o historiador Caio Prado Júnior (1907-1990) escreveu *Formação do Brasil contemporâneo***, uma abordagem marxista de nossa sociedade no período colonial; e Astrojildo Pereira (1890-1965), fundador do Partido Comunista Brasileiro (PCB), publicou a coletânea de artigos *Interpretações****.

Os aspectos mais monstruosos do Estado Novo de Vargas, o famigerado DIP, a abominável "polaca" e outros instrumentos de nítida inspiração fascista, precisavam ser removidos. A linguagem política da extrema direita, contudo, mudou muito pouco.

---

* Rio de Janeiro, Pan-Americana, 1943. (N. E.)
** São Paulo, Brasiliense, 1942. (N. E.)
*** Rio de Janeiro, CEB, 1944. (N. E.)

Leandro Konder em foto de 2007.

Nota biográfica

Leandro Konder nasceu em 1936, em Petrópolis (RJ), filho de Yone e Valério Konder (médico e líder comunista). Formou-se em Direito em 1958 pela Universidade Federal do Rio de Janeiro e foi advogado trabalhista até o golpe militar de 1964. Preso e torturado em 1970, Konder exilou-se em 1972, primeiro na Alemanha e depois na França; regressou ao Brasil em 1978. Doutorou-se em Filosofia em 1987 no Instituto de Filosofia e Ciências Sociais da UFRJ. Foi professor no Departamento de Educação da PUC/RJ e ex-professor do Departamento de História da UFF. Autor de vasta produção intelectual como conferencista, articulista de jornais, ensaísta e ficcionista.

Em 2002 foi eleito o Intelectual do Ano pelo Fórum do Rio de Janeiro, da UERJ. Foi um dos maiores estudiosos do marxismo no país.

Faleceu em 12 de novembro de 2014.

Este livro foi composto em Adobe Garamond Pro 11/16 e Trajan e reimpresso em papel Avena 80 g/m², pela gráfica Lis, para a Boitempo, em abril de 2021, com tiragem de 500 exemplares.